AF554306

NOTES HISTORIQUES

SUR

LA NATION ANNAMITE.

Par le P. Le Grand de la Liraye.

Avant-propos.

La nation annamite, lors de l'expédition de Tourane, aux mois d'août et septembre 1858, était certainement une des nations les plus inconnues du globe. En France, on savait alors que la Cochinchine et le Tông-King avaient des missionnaires depuis le premier quart du XVIIe siècle, et que dans ces deux contrées la religion chrétienne avait été et était encore cruellement persécutée. Mais, quels étaient les peuples qui habitaient ces deux pays? Quels étaient leur origine et leur berceau? Étaient-ils vraiment différents de nationalité? N'étaient-ils pas au contraire un seul et même peuple, très-ancien, aussi ancien que la Chine, et ne se distinguant réellement l'un de l'autre que par la permanence de l'un dans le lieu d'origine et par l'émigration de l'autre dans les pays conquis? Ces peuples étaient-ils encore tributaires de la Chine ou s'en étaient-ils complétement émancipés? Quand avait eu lieu cet affranchissement et comment? Le peuple habitant, il y a trois et quatre siècles, depuis Tourane jusqu'au fleuve de Saigon et celui qui habitait il y a deux cents ans toute la basse Cochinchine actuelle, existaient-ils encore et n'étaient-ils pas aussi ce peuple annamite?

Toutes ces questions n'avaient aucune solution sérieuse et bien connue. On se contentait forcément de prendre dans des relations de voyages, plus ou moins intéressantes, et dans les Annales de la Propagation de la Foi, quelques idées des mœurs et des coutumes annamites, quelques notions vagues et confuses de la position géographique des produits et des ressources de pays compris *in globo* dans l'Indo-Chine tout entière et que l'on confondait volontiers avec tout ce qui la compose.

Quelques savants avaient lu dans Marco-Polo, qu'il avait été au royaume de Ciampa, et qu'il y avait vu en 1288, un Roi qui avait trois cent vingt-six enfants, filles et garçons; que dans ce royaume il y avait de nombreux éléphants et beaucoup d'arbres d'aloës et d'ébène. Dans le temps, on avait lu Joâo de Barros qui écrivait en 1552 le récit de quelques voyages de ses compatriotes portugais au Cambodge et au Ciampa. On savait que Camoëns avait fait naufrage à l'embouchure du Mey-Kong, vers l'an 1556; que Christoval de Jacque avait écrit en 1606 sur les ruines d'Ang-Kor découvertes en 1570 par ses compagnons de voyage. Le hollandais Gérard Van-Wusthorf avait écrit la mission qu'il avait reçue de son gouvernement pour visiter le Cambodge et le Laos jusqu'à la hauteur de *Lant-chang;* Le P. de Marini, de la Société de Jésus, avait écrit en 1638 *della missioni..... del Giappone e particularmente di quella di Tunchino;* Le P. Alexandre de Rhodes, après plus de vingt ans passés au Tông-King et dans la haute Cochinchine, était revenu à Paris en 1645 chercher des évêques français pour ses missions, et en 1653 il avait fait paraître l'intéressant récit de ses voyages et missions, qui a été réédité il y a une dizaine d'années. On savait aussi que Louis XIV avait favorisé le voyage des évêques français en Chine, au Tông-King et à la Cochinchine, et que de 1660 à 1670, il avait écrit deux lettres en leur faveur au régent du Tông-King. L'Anglais Dampier avait fait imprimer à Londres, en 1699, ses voyages autour du monde et ils avaient été traduits en français à Amsterdam, un peu plus tard. M. Poivre, agent de la compagnie des Indes à Fai-fo (Tourane) avait été autorisé par Louis XV à aller à Hué en 1749 pour y faire un traité de commerce. Mgr d'Adran venait à Versailles, avec le fils du prétendant *Nguyên-anh* en 1785, et faisait en 1787 son traité d'alliance offensive et défensive, que tout le monde connaît maintenant, avec les ministres de Louis XIV. Enfin John Barrow, qui accompagnait lord Macartney en 1793, écrivait ses mémoires à la fin du siècle dernier, et parlait aussi de la Cochinchine et du Tông-King.

Pour ce siècle, jusqu'à l'expédition de Tourane, nous avions quelques compilations de géographes et les relations de quelques voyageurs et de rares missionnaires, dont les lettres ont paru dans les Annales de la Propagation de la Foi.

Les deux plus remarquables compilations sont sans contredit celles de l'*Univers pittoresque* et de la grande géographie de Balbi, dans lesquelles on retrouve tout ce qu'avaient pu dire de mieux sur l'Annam, Tissanier, Choisi, Finlayson, Gibson, Alexandre, l'abbé Richard et Malte-Brun; les relations les plus intéressantes sont celles de Dumont-d'Urville, de Crawfurd, du lieutenant Withe, d'Hamilton, parlant de Siam, du Cambodge et de Saï-gon, où ils étaient de 1820 à 1823. Nous avons aussi quelques récits des missions à Tourane et Hué, de *la Cybèle,* commandée par M. de Kergariou en 1817, de *la Cléopâtre,* commandée par M. de Courson, de *la Thétis,* commandée par M. de Bougainville en 1824, puis l'opuscule de M. de la Bissachère, qui nous parle du Tông-King et qui fait le désespoir de Malte-Brun au sujet du *Lac-thô,* que cet illustre géographe veut bon gré mal gré être le *Laos,* vu la similitude des noms.

En 1831, le voyage de M. Laplace, commandant alors *la Favorite,* nous donne comme John Barrow quelques détails de mœurs de la nation annamite et quelques renseignements venant des officiers français sur la capitale de ce royaume. Nous avons lu ensuite, dans les Annales de la Propagation de la Foi et dans les journaux, l'apparition de l'*Héroïne* à Tourane en 1842, pour délivrer cinq missionnaires français alors prisonniers à Hué depuis déjà dix-huit mois; celle de l'*Alcmène* en 1845 pour délivrer l'évêque de Saigon; le coup d'éclat de *la Gloire* et de *la Victorieuse,* détruisant la flotte annamite à Da-nâng en 1847, pour punir le roi Thịêu-trị de sa perfidie et de son entêtement à ne pas recevoir des communications importantes; enfin la mission Montigny en 1856-57 et le martyre de MMgrs Diaz et Melchior, évêques espagnols au Tong-King.

Voilà toutes les sources où nous pouvions puiser quelques connaissances du royaume d'Annam. Toutes réunies ne nous donnent pas l'histoire ancienne et moderne de ce royaume, et nous n'y trouvons que des notions insuffisantes de ses différentes parties, de son origine et de ses relations avec les pays voisins.

Quand l'expédition commença, on n'avait aucune rédaction quelconque des notes des officiers français qui avaient servi *Gia-long* et *Minh-mang* : Seulement un rouleau considérable de papiers, dits appartenir à MM. Chaigneau et Vannier avait été remis à M. Eugène Veuillot pour qu'il en tirât, avec le secours des archives du séminaire des Missions étrangères, un

1.

ouvrage de circonstance aussi intéressant et aussi religieux que possible, qu'on fit imprimer en 1861, *2e édition*, dit le texte. M. Veuillot avait été prévenu, par deux petits ouvrages très-remarquables : l'un le voyage du docteur Itier à Tourane et aux roches de marbre, et l'autre le *Voyage dans l'Indo-Chine* du P. Bouilleveaux, imprimé en 1857. C'est assurément dans ce dernier ouvrage que l'on trouve le meilleur et le plus complet résumé de l'histoire Annamite et Cambodgienne, la meilleure appréciation des mœurs et des coutumes du pays jointe au talent d'un récit facile et spirituel de toutes les circonstances dans lesquelles s'est trouvé ce missionnaire. MM. Cortambert et de Rosny qui ont écrit plus tard, en 1862, *le Tableau de la Cochinchine, rédigé sous les auspices de la Société d'Ethnographie* et le patronage d'un sénateur, avec un beau format, une impression de luxe et des cartes, plans et gravures, ne nous ont rien dit de mieux ni d'aussi satisfaisant.

Depuis M. Veuillot, le P. Bouilleveaux et MM. Cortambert et de Rosny, nous n'avons plus que les *Onze mois* de Cochinchine, ou mieux dit de Saigon, du capitaine de Grammont et la traduction du *Già-dinh-thông-chi* ou description de la basse Cochinchine, faite par M. Aubaret, pour nous donner à peu près *in extenso* l'histoire du Cambodge depuis l'intervention annamite et une foule de détails très-intéressants sur les ressources de nos six provinces.

Il s'agirait maintenant de donner, sinon la traduction des annales chinoises et annamites, pour avoir l'histoire générale du royaume d'Annam depuis les temps anciens jusqu'à nos jours, au moins une bonne compilation, qui nous mît à même d'apprécier à leur valeur les principaux faits, les grands événements qui se sont succédé depuis déjà quatre mille ans, et qui ont fait du peuple annamite la nation puissante, parfaitement homogène et parfaitement organisée que nous commençons à connaître.

Voilà notre unique prétention, en donnant sous le titre de *Notes historiques* ce que nous avons pu rédiger, pour cette année, de nos lectures et de nos réflexions sur les livres chinois et annamites que nous avons trouvés dans le pays.

Les annales chinoises et les commentaires ou critiques qui en ont été faits sous les différentes dynasties depuis les Hán jusqu'à présent, formant une bibliothèque immense, nous nous sommes bornés aux ouvrages qui sont le plus connus des annamites et qui sont le Thiếu vi thông giám ou abrégé des Annales et le Cổ văn chiết nghĩa ou explications des anciennes lettres ou dépêches.

Pour les annales annamites, nous avons en langue chinoise le Dại việt sử kỳ édité par ordre de Gia-tông, souverain de la grande dynastie *Lê* qui régnait au Tông-King de l'an 1672 à l'an 1675. Cette collection comprend cinq volumes de l'histoire dite Ngoại kỳ ou en dehors des Annales, puis dix-neuf volumes Bản-kỳ ou annales proprement dites, comprenant l'histoire des quatre premières dynasties indigènes : Dinh, Lê, Lý, Tràn, aux xe, xie, xiie, xiiie et xive siècles, et celle de la dynastie Lê-Lợi jusqu'à la fin du xviie siècle seulement.

A côté de ces annales, nous avons le Phũ biên lục, dont l'auteur est Lê-qúi-dỗn, grand lauréat au Bảng nhãn de la cour des derniers Lê, qui nous donne l'histoire et la distinction des provinces nord, depuis Quảng nam ou Tourane jusqu'à la frontière chinoise (Phân mao cỏ rẽ : crinière qui se divise et herbe qui se sépare), puis le Dại việt dịa dzeụ ou géographie de toutes les provinces de l'Empire, au temps de Minh-mạng. Malheureusement ces livres sont très-difficiles à trouver.

Pour l'histoire des xviiie et xixe siècles, et pour l'histoire particulière des Rois de Hué, depuis le xviie, nous en sommes réduits aux manuscrits de différents lettrés du pays, au Già-dinh thông chí (traduction Aubaret) et à ce que nous savons par les écrits de nos voyageurs. La cour de Hué n'a pas encore jugé à propos de faire paraître son histoire particulière et de compléter ainsi les grandes annales.

La nation annamite, dans les annales, soit chinoises soit annamites, porte le nom de Giao et de Việt depuis l'an 2285, avant J.-C. (c.-à.-d. depuis 63 ans après le déluge de la Bible ou 364 ans avant la vocation d'Abraham) : ce serait donc quatre mille cent cinquante ans d'existence à étudier.

Quoi qu'il en soit de ces quatre mille ans, [illegible] il nous faut prendre nécessairement une division des temps anciens et modernes. Nous prenons les temps modernes à partir des dernières années du ixe siècle et des premières du xe de notre ère. C'est la fin du règne de la grande dynastie des Dàng en Chine ; c'est le moment où le Yun-nan cessa de faire partie des tribus bà việt (cent au delà) pour s'incorporer à l'Empire ; c'est l'époque de transition de 53 ans, où cinq petites familles, Hậu lương, Hậu dàng, Hậu tấn, Hậu hán et Hậu chu, se disputent et se divisent l'Empire des Dàng pour le transmettre dans toute son intégrité à la grande famille des Tông ; c'est l'époque enfin des premiers essais de l'émancipation annamite comme pouvoir indigène indépendant.

Depuis le xe siècle jusqu'à nos jours, nous aurons trois époques :

1o Celle des capitaines indigènes : Thừa mì, Dinh nghệ, Ngô quiền, Bộ linh et Lê hạng, qui se sont insurgés les premiers avec succès contre l'autorité chinoise et qui ont transmis aux deux maisons : Lý et Tràn, l'indépendance de leur nation jusqu'en 1407. C'est l'époque que nous appellerons comme les Annales : Dình, Lê, Lý, Tràn;

2o Celle du règne de la grande dynastie Lê (húy Lợi), depuis l'an 1428 ou le rétablissement de l'indépendance, et plus tard la fondation des deux vice-royautés : Dàng ngoại (Tông-king) et Dàng trong (Cochinchine) jusqu'à la guerre des montagnards Tây-shon, la fuite de la famille royale de Huế à Saigon, en 1774, et la destruction par les montagnards de la famille souveraine du Tông-king et des deux familles des régents, à l'exception de Gia-long;

3o Celle du règne de Gia-long et de ses successeurs jusqu'à présent : c'est-à-dire celle de l'état actuel de la nation depuis à peu près un siècle. Voilà pour les temps modernes.

Dans les temps anciens nous distinguons aussi trois époques principales :

1o Celle des légendes ou du règne des trois premières dynasties chinoises : Hạ, Thương et Chu, de l'an 2217 à l'an 249 avant J.-C., période de 1998 ans : soit deux mille ans.

2o Celle de l'incendie des livres et du règne des Hán, de l'an 249 avant J.-C. jusqu'à l'an 221 de notre ère : ce qui fait 470 ans.

3o Celle des petites dynasties qui se sont disputé l'empire chinois pour le donner à la famille des Dâng, depuis le premier quart du troisième siècle jusqu'à la fin du neuvième, comme cinq autres petites dynasties se le sont disputé plus tard pour le transmettre aux Tông.

En somme, nous étudions la nation annamite pendant tout le temps de la domination chinoise et depuis les huit à neuf cents ans de son émancipation jusqu'à nos jours. Cette étude nous met devant les yeux un peuple très-ancien, d'abord divisé par tribus et absorbé par le Grand-Empire, puis s'unifiant et parvenant à l'indépendance, pour jouir par lui-même des ressources de sa population et des richesses de son sol, enfin débordant de ses anciennes limites pour envahir le Ciampa et le Cambodge et détruire à peu près complétement la nationalité de ces deux peuples.

HISTOIRE ANCIENNE.

Première époque.

TEMPS ANCIENS DES LÉGENDES ET DU RÈGNE DES TROIS PREMIÈRES DYNASTIES CHINOISES HA, THUONG ET CHU, DEPUIS L'AN 2217 AVANT J.-C. JUSQU'A L'AN 249 AVANT J.-C. — PÉRIODE DE 1968 ANS.

Nom original et caractéristique de la nation annamite.

Dans les annales Chinoises et Annamites, le vrai peuple d'An-Nam est désigné sous plusieurs noms de territoire, comme ceux de Nam-Việt, Việt-Nam, Việt-Thường, Nhật-Nam, Giao-Nam et même Nam-Chiêu (midi à passer, au delà du midi, au delà partie inférieure, soleil du midi, midi de Giao et midi incliné ou Yun-Nan). Lors de l'incendie des livres, il est désigné aussi par le nom de Tần tượng dịa, ou terre à éléphants de l'empereur Tần. — Mais le seul nom caractéristique qui le désigne comme race, est le nom de Giao-Chỉ, que l'on trouve dès le 1er volume des annales Chinoises, et que l'on retrouve ensuite dans toute la continuation de l'histoire des Chu, des Hán et des Dàng : c'est ce nom qui a donné lieu à la délimitation du territoire de Nam giao, de la préfecture de Giao-chỉ châu, de Giao-chỉ quận et plus simplement de Giao-châu ou midi Giao, préfecture, seigneurie de Giao dont on parle si souvent dans les différents règnes.

Le mot Giao-chỉ signifie que le gros doigt de pied est écarté du second : ce qui est encore la marque distinctive dans toute la nation Nord et Sud, du vrai annamite autochtone.

D'où provenait un signe si bizarre, que toute une grande famille, dès les temps qui ont suivi de si près le déluge, en portât le nom, et qu'elle l'ait encore depuis de si long siècles, malgré tant d'alliances successives? Il faut abandonner la solution de cette question aux naturalistes qui étudient dans une famille la succession des principaux traits caractéristiques de la physionomie et de certaines difformités, aussi bien qu'ils pourraient remarquer à Saigon, en particulier, une race d'animaux domestiques qui se propage toujours avec le signe de son origine autochtone (le chat).

Ancienneté de ce peuple. Premier passage des annales chinoises.

Quoi qu'il en soit, l'ancienneté du peuple Giao-chỉ, d'après les annales Chinoises, date à peu près d'aussi loin que celle de la nation Chinoise elle-même : car les savants qui donnent pour berceau aux cent familles de la nation Chinoise, la province du Chen-si, dès les temps qui ont précédé Abraham de deux et trois siècles, c'est-à-dire aux temps de Chun (Tuân) et de Xuyên-húc; ces savants, dis-je, trouveront dans les Annales qu'à cette même époque, quatre tribus appelées Tư dzi ou les quatre barbares, formaient la limite du Grand-Empire.

Les Annales du règne de Xuyên-húc, qui est d'après les dates, de 2285 ans avant J.-C., ou de soixante-trois ans après le déluge, désignent U-long comme limite du nord; Giao-chỉ, comme limite du midi; Lưu Sha comme limite à l'ouest et Bàn mộc à trois mille ly ou trois cents lieues dans la mer orientale, comme limite à l'est.

Qu'étaient, à ces époques si reculées, ces tribus quittant, d'après nos traditions, les plaines de l'Arménie et allant à l'aventure l'une pour gagner la Mongolie et la Mantchourie, l'autre pour peupler le midi de la Chine, à la hauteur de Canton et du Yun Nan actuels, jusqu'à 6 et 8 degrés au-dessous, pendant qu'une troisième s'arrêtait aux plateaux élevés du Thibet, laissant la quatrième continuer son émigration jusqu'au delà de la mer?

Cette question ne peut être résolue, et, pour l'objet qui nous occupe, il suffit d'avoir, comme fait accompli, que Giao-chỉ était la limite du midi de l'Empire Chinois; que cette nation est toujours restée la principale tribu de toutes celles qui se sont établies ou formées successivement par les alliances chinoises, Indiennes et Malaises; qu'elle est la vraie tribu autochtone, dont toutes les autres ont toujours reconnu la suprématie, qu'elle est le vrai peuple annamite, resté toujours dans le Sud depuis les temps les plus anciens, le peuple enfin dont ont fait partie longtemps les races aborigènes du Yun-Nan et de Canton, et dont ont fini par faire partie les tribus de Lâm âp ou de Tourane et Huê.

En effet, par suite d'autres émigrations très-anciennes, que nous ne connaissons pas, par suite d'invasions militaires faites par la Chine et par l'Inde, et, enfin, par l'effet nécessaire d'alliances très-multiples, il s'est trouvé au midi de la Chine et très-anciennement, une agglomération de peuplades et de tribus vivant à part, très-considérable. Ces différentes peuplades ont toujours attiré à un haut point l'attention du gouvernement Chinois, soit par l'esprit guerroyeur et aventureux qui les animait et qui les portait naturellement à chercher un arbitre dans les grands désastres, soit par la richesse du sol qui les avait attirées et qu'elles exploitaient avec d'immenses profits.

La Chine procura elle-même des émigrations nombreuses et pour augmenter la population de ces riches contrées et pour s'emparer plus sûrement de leur Gouvernement et de leurs ressources. D'abord l'autorité simple de chefs héréditaires dans chaque tribu, sous le nom de Quân, fut reconnue par la Chine à condition du droit d'hommage et d'offrande; puis vinrent nécessairement les commandements militaires et toujours Chinois pour maintenir le pays, enfin des divisions territoriales et des préfectures qui s'établirent par la réunion d'un certain nombre de seigneuries ou quân ensemble. De là, sortirent les Royaumes du midi au delà, du midi pacifié, de la partie inférieure au delà, Nam viêt, Annam, Nam binh, Viêt thuong, etc.

Dans ces différentes transformations, c'est Giao-chi et Nhât nam qui sont toujours en cause et auxquelles la Chine donne toujours la prépondérance; mais revenons à la suite de l'histoire.

Lacune des Annales chinoises, depuis le règne de Xuyên-hùc jusqu'au règne de la maison des Chu.

Depuis cette première donnée des annales du règne de Xuyên-hùc sur la nation Annamite, nous ne trouvons plus rien jusqu'au règne du second prince de la maison des Chu, et c'est à peine si dans les livres légendaires Annamites nous trouvons quelques fragments sur son existence, pendant les 873 ans de règne de cette maison.

Jusqu'aux Chu qui ont commencé à régner l'an 1122 avant J.-C., c'est-à-dire 42 ans après la prise de Troie et 27 ans avant Samuel, nous avons les règnes de dix-sept princes de la maison Hạ (de 2217 à 1766 avant J.C.), et de trente princes de la maison Thương (de 1766 à 1122), ce qui fait 1095 ans auxquels on ajoute les 873 ans du règne des Chu : cela donne 1968 ans, pendant lesquels il est à peine question du peuple annamite. Que devient-il pendant tout ce temps? c'est ce que nous ne pouvons guère que supposer par l'appréciation des faits subséquents.

Cependant, il nous suffit, pour des temps aussi reculés, de constater l'origine de la nation, son ancienneté, son lieu d'habitation et une certaine manière de vivre à elle appartenant.

Livres légendaires Annamites.

Les livres légendaires Annamites commencent d'après une ancienne édition, par la note du commentateur Ngô-thi-Sĩ qui nous dit « qu'après Vũ Công ou les travaux d'écoulement du « déluge, le passage au delà de Dứông Châu était le midi « Nam, à onze degrés de l'étoile du nord, avec sept degrés « de différence de Khiên ngưu ou le buffle à Tu nứ ou la « vierge, et dans la quatrième division de la deuxième lettre « (Sũơu) du cycle de douze.

« L'empereur Nghiêu ordonna à la famille Hi d'aller prendre le gouvernement de Nam-Giao qui était l'entrée du midi « ou Viêt môn et qui comprenait les Bà Việt ou cent tribus « au delà, dont Au Việt, Mân Việt, Lac Việt étaient les principales, et qui réunies ensemble formaient en tout le Nam « Việt (midi à passer). Dès avant les Han, ajoute-t-il, on appelait Nam Việt, les cinq montagnes de ngû linh (qui sont « Cao son, Huê son, Hoành son, Thai son, Hàn son), et le « vrai Annam était Việt Nam ou partie au delà du midi. »

« Un autre commentateur nommé Ngô sĩ Liên nous dit que « quand l'Empereur Hoàng tỉ constitua l'Empire, il prit Giao-« chỉ pour limite au sud-ouest et bien au delà des Bá Việt. « L'Empereur Nghiêu, qui régna plus tard, ordonna à la famille Hi d'aller habiter Nam-Giao et de fixer la terre de « Giao-Chỉ comme contrée sud de l'Empire. L'Empereur Võ, « fondateur de la dynastie Hạ, en sépara neuf Châu ou arrondissements, et Bá Việt fut alors Dzeuong Châu dont fit partie Giao-Chi. Ce n'est qu'au temps des Chu qu'on commença « à l'appeler Việt Thưởng. »

Après ces deux notes instructives sur la position géographique du pays, commence le récit historique des différentes dynasties annamites de ces temps anciens, dont la première est celle dite Hồng Bàn, qui aurait régné 2622 ans et qui compte pour principaux rois : Kinh-dzeuong, Lạc-lung, Hùng-vương et Hậu-vướng ou plusieurs autres princes dont le nom est inconnu.

Hông bàn, 1re dynastie annamite : royaume de Văn lang.

« La tradition, nous disent les commentateurs, donne pour « premier roi de notre nation, le roi Kinh dzeuong, qui des- « cendait de Thần nong (chin-nong). »

« Après trois générations de fils et petits-fils de Thần nong, « l'empereur Dê minh engendra Dê nghi et dans une explora- « tion qu'il fit jusqu'à la mer du midi, aux montagnes de Ngũ « linh, par suite de la rencontre d'une fille de la plus grande « beauté, il mit au monde son fils Vương, surnommé Lộc tục, « qu'il trouva si vertueux et si rempli de qualités brillantes, « qu'il le prit en affection et qu'il voulut en faire son succes- « seur à l'empire. Lộc tục refusant d'empiéter ainsi sur les « droits de son frère aîné, l'empereur donna le nord à gouver- « ner à Dê nghi, et le midi au roi qui prit le nom de Kinh « dzeuong, son royaume portant celui de Xích qùi (diable rouge), « d'autres disent de Việt nam (au delà du midi). »

« Lộc tục, ou Kinh dzeuong vương, ayant épousé la fille « du chef de Dồng dình, appelée Thân long, en eut un fils qui « s'appela Lạc lung (deux mots qui signifient renard et dragon).

« Lạc lung épousa Au cừ, fille de Dê lai, et après en avoir « eu cent garçons d'une manière assez prodigieuse, par le « moyen de cent œufs, dit la note, il dit à sa femme : Pour moi, « je suis vraiment de la race des dragons, et vous, vous êtes de « celle des immortels; l'eau et le feu se font la guerre et il est « difficile de les réunir ensemble. Alors, d'un commun accord, « ils séparèrent cinquante de ces enfants pour suivre le père « vers la mer et les cinquante autres pour aller avec leur mère « vers les montagnes. Hùng, qui était l'aîné de tous, fut le roi. »

« Hùng ainsi, fils de Lạc lung et petit-fils de Kinh dzeu- « ong, descendant de Thần nông, donna à son royaume *au « delà du midi,* le nom de Văn lang, et établit sa capitale à « Phong-châu. Ce royaume avait la mer à l'est, Ba thục, ou « Cao bàng actuel, à l'ouest, le lac de Dồng dình (ou les bas- « fonds encore submergés du quảng-si au nord et le royaume « de Hồ-ton, qu'on appelle aujourd'hui Cổ-thành ou l'ancienne « ville, au midi.

« Hung divisa son royaume en quinze ministères ou préfec- « tures : Giao-chỉ (doigts de pieds biffurqués), Châudiên (épervier

« rouge), Vô-ninh (paix guerrière), Phước-lộc (gain heureux), « Việt thường (au delà, partie inférieure), Ninh hải (mer pai- « sible), Dương tuyên (immense source), Lụchải (terre et mer), « Võ định (guerre fixe), Hôai hoan (souvenir joyeux), Cửu « châu (neuf sincérités), Bình vân (étude paisible), Tân hưng « (nouvelle élévation), Cửu dức (les neuf vertus), et enfin Văn « Lang (les gens de lettres), où se trouvait la résidence royale. « Le fils du roi de Văn Lang prit le titre de Quan lang (titre « que se donnent encore les chefs des tribus Mường du Tong- « King), sa fille prit celui de Mĩ-nang (que portent aussi encore « les filles des Mường nobles); le chef civil, celui de Lạc Hậu « (espèce de renard); le chef militaire celui de Lạc tường « (chef des chevaux noirs) et le juge celui de Bồ chánh (ou « percepteur) ce qui se continua pendant dix-huit générations « de père en fils, qui furent le temps du règne de Hùng vương. »

« Dans ce temps-là, le peuple du pied des montagnes, voyant « que les embouchures du fleuve Giang-hà avaient une grande « quantité de poisson et de chevrettes, s'y porta en masse pour « la pêche; mais il fut bientôt victime de la morsure des cro- « codiles et des serpents. On en rendit compte au roi, qui « répondit : « L'espèce de ver des montagnes et la famille des « eaux, sont ennemies; ceux-ci aiment ceux qui leur ressem- « blent et haïssent ce qui leur paraît extraordinaire : ordre est « donné de se faire avec de l'encre du tatouage sur le corps. » « Depuis lors, les crocodiles et les dragons ne firent plus de « mal à personne, et c'est là l'origine de la coutume des Bá « việt (qui existe encore au Tong-King). »

L'Enfant Génie. — Érection de son temple.

« A la sixième génération du règne de Hùng vương, au vil- « lage de Phật dổng, de la préfecture de Vô-ninh, un riche « particulier avait un fils de trois ans qui mangeait beaucoup, « mais qui ne pouvait ni parler ni rire. Il y avait guerre alors « et le Roi promettait une récompense à ceux qui lui donne- « raient les moyens de vaincre ses ennemis. Cet enfant tout à « coup parla et dit à sa mère qu'il irait, qu'il ne demandait « qu'un sabre et qu'un cheval et que le Roi pouvait être sans « crainte. Le Roi lui ayant donné ce qu'il demandait, l'enfant « monta sur le cheval, prit son sabre et se mit à la tête des « troupes qui le suivirent. A la rencontre des ennemis, près la « montagne de Vô-ninh, les ennemis tournèrent leurs armes « contre eux-mêmes et s'entretuèrent, au point que tous ceux « qui survécurent implorèrent la clémence du vainqueur. Alors

« l'enfant monté sur son cheval, s'éleva dans les airs et disparut. Le Roi ordonna de faire en ce lieu même un temple « pour l'adorer et plus tard sous le règne des Lý, le premier « prince de cette famille ordonna d'y construire un temple « boudhiste sous le nom de Trung thiên Thần vương tử ou « temple du génie royal enfant, montant au ciel. »

Son tinh épouse la fille du Roi de Vân lang, qui est refusée au Roi de Ba-thuc.

« En ces temps-là le roi de Thục envoya des ambassadeurs « pour demander en mariage la fille du roi Lý thê de la maison Hùng : cette fille s'appelait Mĩ-Nang. Elle lui fut refusée « sous prétexte d'ambition. Cependant le roi cherchant à marier « sa fille, deux prétendants : Son tinh et Thủy tinh se présentèrent à la fois. Le roi leur dit : Je n'ai qu'une fille, comment « ferais-je pour vous la donner à deux? Statuons qu'elle sera « à celui qui l'aura demandée le premier. Dès le lendemain, « Son tinh apporta en offrandes toutes sortes de présents en « pierres précieuses, en or et en argent, en oiseaux des montagnes et animaux des déserts. Il eut donc la fille du roi qu'il « emmena à la montagne de Tần-Viên (en Xu nghê). Thủy-tinh qui n'avait pu venir à temps, ressentit une grande colère « et il fit à son adversaire une guerre implacable, sur les différents cours d'eau du pays qu'il obstrua et qu'il fit déborder; « mais il fut vaincu par Son-tinh qui se préserva avec des « estacades faites en cordages de bambou et qui parvint à « détruire l'armée ennemie à coups de flèches.

2e passage des Annales Chinoises. — Hommage des chefs Annamites à l'Empereur de Chine.

« Au temps de l'Empereur Thành vương de la maison des « Chu (2e Empereur) disent les Annales Annamites, notre nation de Việt commença à aller aux hommages. La maison « Việt thường offrit l'oiseau Bạch trị (espèce de grande cigogne « blanche). Chu công, l'oncle de l'Empereur et son régent, lui « dit : « Ce n'est pas un ordre que nous donnons; le sage ne « recherche pas l'esclavage des autres hommes. » Il ordonna « ensuite de confectionner un char qui indiquât toujours le « midi, pour qu'elle put s'en retourner dans son pays. »

« A la sixième année du règne de Thành, disent les Annales « Chinoises (soit l'an 1109 avant J.-C.), Chu công, oncle et

« régent de ce jeune prince, convoqua aux saluts d'usage pour « la grande représentation impériale et pour l'offrande des « présents et des sacrifices religieux, tous les peuples vassaux « appelés Chư hậu.

« Les Giao-chỉ, peuple du midi, avaient pour ambassadeur « et interprète la famille Viêt thường, qui, en offrant l'oiseau « Bạch trĩ, dit : « les routes sont très-éloignées; les monta- « gnes et les fleuves sont de grands obstacles : nous craignons « qu'une seule ambassade n'ait pas le temps de parvenir : « nous la triplerons pour venir présenter nos hommages. »

« Chu-công répondit : la renommée illustre n'est pas avide « de surcharge, le sage ne fait pas sa pâture de choses ma- « térielles; les ordres ne changent pas et les sages ne font « pas d'esclaves. »

« L'interprète ajouta : « nous suivons les ordres du vieillard « notre chef. » Puis il dit encore : « Le ciel ne suit pas son « cours pour les vents et la pluie; depuis trois ans la mer est « sans agitation et sans tempête : sans doute que l'Empire « possède le Saint : c'est pour l'adorer que nous sommes « venus. »

« Chu-công appliquant ces paroles à son souverain, déclara « le premier Empereur, père de son pupille, *esprit céleste*, et « il le plaça au temple des ancêtres. »

« Les ambassadeurs (Giao-chi) en s'en retournant ne retrou- « vaient plus leur chemin : Chu-công leur donna cinq charriots « qui avaient la propriété d'aller toujours vers le sud. Avec « ces chars, les ambassadeurs passèrent par Phò nam, petit « royaume situé sur les bords de la mer, gouverné alors par « la reine Sày Liêu et auquel on arrivait après 3,000 ly ou « trois cents lieues à partir de l'ouest. »

« C'est dans cette même année que les ambassadeurs arrivè- « rent à ce royaume. »

2e dynastie Annamite.—Yên-dzeuong, roi de Ba-thuc, réunit le royaume de Vân-lang au sien et donne au nouveau royaume le nom de Au-lâc. — Ville de Lôa thành ou Cô-thành.

De ce temps du commencement des Chu, nous arrivons tout d'un coup aux dernières années de leur règne et nous passons plus de 800 ans pour arriver aux temps du Roi Yên-dzeuong, roi de Ba-thục (ou cao-bằng).

D'après les Annales Annamites, ce roi Yên-dzeuong, prince

de la maison Thục, 2e dynastie Annamite, aurait régné la 59e année de l'Empereur Nãn vương, l'avant dernier prince de la dynastie des Chu en Chine, — par conséquent sept ans avant la destruction des livres par le féroce Tần, qui est de l'an 249 ou mieux 248 avant J.-C.

Un roi de Thục avait antérieurement demandé en mariage la fille d'un prince de la maison Hồng bàn, roi de Văn-lang. Par suite du refus qu'il essuya, il éprouva un tel ressentiment qu'il jura la destruction de Văn-lang et qu'il légua à sa postérité le soin de mettre son projet à exécution. De là, un état de guerre continuelle entre les deux royaumes auquel mit fin Yên-dzeuong, un de ses derniers descendants.

« Ce prince s'était souvent mis en campagne pour faire la guerre au royaume de Văn-lang ; mais il avait toujours été battu par les Hùng, dont l'armée était très-forte et très-aguerrie. Les Hùng disaient donc : « Nous sommes forts du génie puissant « qui nous protége ; comment Thục ne nous craindrait-il pas? » Là-dessus, le chef de leur famille s'endormait dans l'oisiveté, l'ivresse et les plaisirs : il ne s'occupait plus de rien. L'armée de Thục arriva donc et le surprit dans l'ivresse. Il n'eût pas le temps de se reconnaître : il vomit le sang, se noya dans un puits et ses troupes firent leur soumission. »

Le Roi de Thục donna au nouveau royaume, qu'il forma alors de Vân-lang et de Ba-thục, le nom de Au-lạc (écuelle en terre et renard) au territoire de Phong-Khê ; puis il jeta les fondements dans le Việt-thường d'une forteresse de dix mille pieds d'étendue, qui avait la forme des coquilles Lõa : d'où elle prit le nom de Lõa-thành. On l'appela aussi Tư-long et en Chine on l'appelait Côn-lôn, à cause de la hauteur prodigieuse de ses murailles.

Cette construction remarquable qui termine l'histoire Annamite, aux derniers temps de la dynastie des Chu, a donné lieu à une légende, qui marque bien l'esprit superstitieux de ces temps-là et les moyens employés par les magiciens pour en imposer au simple vulgaire :

La Tortue d'or et l'arc à ongle de tortue.

« Le roi Yên-dzeuong en fondant cette ville la voyait s'écrouler à mesure qu'elle s'élevait, et il en éprouvait un grand chagrin. S'étant mis en prières, il aperçut aux portes de la ville un génie humain qu'il interrogea en le saluant. Le génie lui répondit d'attendre l'arrivée *de l'ambassadeur des eaux pures* (Thanh giang sứ) et disparut.

« Le lendemain de grand matin, le roi sortit de la ville et aperçut une tortue d'or, qui surnageait sur l'eau du côté de l'Orient; elle se disait l'ambassadeur des eaux pures, elle parlait comme un homme et elle prédisait l'avenir. Le roi, saisi de joie, présenta aussitôt un plateau d'or pour la recevoir et il lui demanda pourquoi sa ville s'écroulait ainsi.

« La tortue d'or répondit : « Cette terre est une terre de montagnes et de rivières; le fils du roi précédent en a tiré parti pour fonder un royaume; les mécontents qui veulent s'en venger sont retirés dans la montagne de Thất cù; au milieu de cette montagne est un démon, qui depuis des siècles fait le sort et les transformations; à côté de là est une taverne et le maître de cette taverne, appelé Ngô Kông, a une fille qui nourrit une poule blanche pour servir d'objet aux maléfices. Comme de jour en jour la vertu de ces maléfices augmente, elle peut empêcher la construction de la ville; mais si on parvient à tuer cette poule on détruira la cause de l'obstacle. »

« Le roi engagea la tortue d'or à aller à la taverne; or, pendant la nuit la tortue d'or entendit le démon frapper à la porte; elle lui fit de vifs reproches, et comme le démon est impuissant contre les hommes il disparut au chant du coq, lui et toute sa suite. La tortue d'or dit alors au roi de le poursuivre; mais quand on fut arrivé à la montagne de Thất-cù, tout était calme et on ne voyait rien. A la taverne, le maître de la taverne fut saisi d'une grande crainte et demanda ce que voulait dire tout ce stratagème diabolique. Alors le roi lui dit ces mots : « Tue ta poule et fais en un sacrifice : tu seras délivré. » La poule ayant été tuée la fille mourut aussi sur-le-champ. Ordre fut donné de fouiller la montagne et d'y déterrer les instruments de musique et de magie et les ossements qui y étaient enfouis pour les brûler. Quand on eut détruit tous ces sortiléges, la ville fut bâtie en un demi-mois. »

« La ville achevée, la tortue d'or salua pour s'en retourner et le roi, lui rendant grâces, alla la reconduire jusqu'en dehors de la place. La tortue d'or s'arrachant alors un ongle le donna au roi en lui disant : « Que le royaume soit en paix ou en guerre, c'est un décret du ciel; mais il appartient aussi à l'homme de veiller à sa sûreté. Quand les ennemis viendront, servez-vous de cet ongle à votre arc, pour combattre contre eux et pour lancer vos flèches : vous n'aurez rien à craindre. »

Le roi, dit la légende, ordonna à un de ses plus fidèles officiers nommé Cao-lỗ, de faire un arc avec cet ongle, qu'on appela Linh quang Kim trão thân nõ ou arc du merveilleux génie de l'ongle d'or. (Sur les arcs Annamites on trouve encore souvent de ces ongles qui rappellent la chronique.)

Songe de Cao-vuong.

Une note ajoute : « Quand le Roi Cao-vương de la dynastie des Dàng (8 à 9 siècles plus tard) revint de soumettre le midi et passa par Võ-ninh, il eut un songe pendant lequel il vit près de lui un personnage extraordinaire qui se disait être Cao-lồ et qui lui dit : Après avoir autrefois aidé le roi Yên dzeuong, dans ses victoires, j'ai été victime des jalousies de parti des successeurs du roi de Lạc ; mais l'Empereur du Ciel m'a pris en pitié parce que je n'étais coupable d'aucune faute et il m'a donné la garde de tous les cours d'eau et de toutes les montagnes de ces parages pour y détruire le brigandage et la piraterie et pour y favoriser l'agriculture. Votre Majesté revenant victorieuse de ses ennemis et passant ici, je manquerais aux convenances, si je ne me présentais devant Elle. »

« Cao-vương s'éveillant alors, dit en vers, aux gens de son entourage : « Que c'est délicieux ! à perpétuité de siècles, dans cette terre de Giao, les sages reviennent nous faire jouir de leur présence, sans tenir compte des temples à élever à leurs mânes. »

Ici finit notre première époque : A la fusion de la tribu de Văn lang (Son tinh des montagnes et Thủy tinh de la mer) avec celle de Ba thục sous une même autorité. Ba thục est le Caobằng actuel, province nord du Tông-King et limitrophe du Yứn-nan en Chine. Cette tribu de Ba-thục était-elle différente comme race, de celle de Vân-lang ? Non. Pour les Chinois c'était toujours Việt-nam, Gìao-chỉ, Việt-thừơng (au-delà du midi, pieds biffurqués, pan au delà) et les princes qui y faisaient accepter leur autorité étaient des descendants plus ou moins avérés des familles impériales de Chine et des femmes nobles ou mĩ nang de ces pays.

Quoique dans cette époque reculée, nous n'ayons pas une grande abondance de faits, cependant nous y trouvons une instruction sérieuse et très-suffisante du point de départ de la nation que nous étudions.

Nous y voyons que la tribu barbare des Tư dzi (4 barbares) formant la limite de l'Empire chinois au midi et au delà des montagnes de Ngũ linh, a été gouvernée d'abord par un prince d'origine chinoise ; qu'ensuite cette tribu s'est divisée comme en deux peuples différents de mœurs et de coutumes, celui des montagnes et celui de la mer (comme cela est encore très-remarquable au Tông-King), et que de là sont nées des rivalités et des guerres, auxquelles le mariage de la fille du Roi a donné le premier motif avouable. Nous y entrevoyons aussi une administration civile, militaire et financière pour les dix-huit générations de la maison Hùng. Les hommages de ces peuples à la cour des Chu nous donnent une grande preuve de leur existence et d'un certain degré de leur civilisation; les guerres de Văn-lang et de Ba-thục et la destruction du premier royaume par ce dernier comme résultat final des vengeances multiples d'un mariage manqué, nous rappellent la guerre de Troie qui avait eu lieu quelques siècles avant; enfin l'édification d'une immense forteresse, dont les restes se voient encore sur la lisière des forêts des provinces nord du Tông-King et dont il est fait mention chaque année sur la carte de l'Empire chinois imprimée dans l'Almanach officiel, l'édification de cette forteresse, dis-je, pour contenir les deux pays sous un même joug, nous montre bien le besoin de domination et de centralisation qui se faisait sentir alors. Cela veut dire que le peuple était devenu plus nombreux, plus fort et plus remuant et que les intérêts de la sécurité avaient besoin d'une garantie plus grande.

Nous pouvons remarquer, en outre, que le peuple était surtout pêcheur, qu'il avait des temples et une grande superstition, qu'il avait des armes de fer et des arcs, qu'il avait des formalités à observer pour ses mariages et que le pays qu'il habitait était riche en pierres précieuses, en or et en argent.

Seconde époque.

TEMPS DE L'INCENDIE DES LIVRES ET RÈGNE DES HAN EN CHINE, DE L'AN 248 AVANT J.-C. JUSQU'A L'AN 221 APRÈS J.-C. — PÉRIODE DE 470 ANS.

Année Nhâm-ti ou 248 avant J.-C. — Dynastie des Tàn en Chine. — Yên-dzeuong roi d'Annam.

« L'année Nhậm-tí était la 9e du règne d'Yên-dzeuong, roi de Ba thục et la 7me du dernier prince de la famille des Chu en Chine. L'empire chinois était alors divisé en sept royaumes : (Tần, Sơ, Hiên, Triệu, Ngụy, Húy, Tề). Cette année-là même, le règne de la dynastie des Chu s'évanouit. »

Le successeur des Chu fut le tyran Tần dont le règne fut de 43 ans. La célébrité de cette maison est connue partout par la construction en cinq ans de cinq cents lieues de la grande muraille de Chine que l'on voit encore, par l'édification d'un immense palais, par l'installation d'une administration toute nouvelle et par la destruction de tous les livres de Confucius et de son école.

Ly-ông-trong, géant Annamite.

« L'année Canh-thân (240) 36e de Yên-dzeuong et 26e de l'Empereur Tần, un géant annamite, appelé Lý-ộng-Trọng, était un grand personnage à la cour de Chine. Il était natif de la terre de Tư-liêm et il avait deux trượng et 3 pieds (soit 23 pieds) de haut. Dans sa jeunesse, ayant été fustigé par les chefs de son village, il s'était enfui et devenu assistant de l'Empereur Tần, il fut envoyé plus tard contre les Tartares Hung nô de la terre de Lâm-dào dont il fut la terreur. Dans son âge avancé il revint chez lui et après sa mort, l'Empereur le considérant comme un homme extraordinaire, fit fondre sa statue en bronze pour la placer à l'entrée des écuries impériales de Hàm-dzeuong : dix hommes s'introduisaient dans l'intérieur de cette statue pour la remuer, de sorte que les Tartares croyaient cette statue vivante et n'osaient plus se révolter. »

« Au temps des Dàng, sept à huit siècles plus tard, Triêu-xương, gouverneur commandant en chef de la terre de Giao, vit en songe Ong trọng qui venait lui expliquer le chapitre Tà-thị du livre Xuân-thu de Confucius. Après lui avoir demandé son nom, Xương lui éleva un temple et lui fit un sacrifice. Jusqu'au temps que Cao-biện fit la guerre ou Yun-nam révolté (an 860 après J.-C.), ce génie se montra favorable aux succès de l'Empire et Cao-biện lui éleva un Tự vụ ou temple aux ancêtres et une statue en bois. Le temple se voit au village de Thoại-hương du territoire de Tư-liêm. »

Le commentateur Ngô thì sĩ, dit que dans les Annales des dix-sept royaumes, il est parlé au temps des Tần d'un homme de la terre de On-cự qui avait cinquante pieds de haut et que dans les Annales particulières de la maison Tần, on rapporte qu'au territoire de Ngũ bách niên, il y avait un homme prodigieux qui était de très-haute stature. C'est bien en ces temps-là, ajoute-t-il, que notre royaume fit partie de l'Empire des Tần : peut-être, il y eut-il un homme de prodigieuse stature et portant le nom de Ong-trọng : ce serait d'accord avec les annales des dix-sept royaumes; mais que cet homme ait acquis un mérite tel que Tần lui fit fondre une statue, pour épouvanter les Tartares : ce n'est pas une vérité dont on ne puisse douter.

Au temps de Tần et des Hán on plaça comme ornement dans le palais, beaucoup de statues de bronze qui représentaient des hommes et des chevaux; Tần fit fondre en or douze statues qui n'avaient aucun nom; la maison Ngụy voulut transporter une grande statue d'homme en bronze et elle ne put y parvenir. Toutes ces statues furent appelées Ong trọng et placées en dehors de la porte des écuries. On rapporte aussi que deux statues ông trọng en pierre, furent placées en face l'une de l'autre sur la route du temple du nord-est. Ainsi Ong-trọng prit de la réputation et plus tard il devint un génie.

L'Empereur Tần fait invasion dans le midi de l'Empire. — Année Dinh hôi, 213 avant J.-C.

« A la 33e année de son règne (44me de Yên dzeuong) Tần le 1er Empereur, convoitant la richesse du Việt et la grande quantité de ses pierres précieuses, résolut de s'emparer de toutes ses seigneuries et de tous ses huyện. Il forma donc une armée de tous les vagabonds, de tous les gens qui ne trouvaient pas à se marier, de tous les marchands, et il en donna le commandement au général Đồ thủy. Đồ thủy prit la route de Linh-nam, mit à mort le chef de la tribu de Tây-âu et s'empara de tout le territoire montagneux de Lục lương jusqu'à Quê-lâm, qui est du Quang-si, Nam-hãi, qui est le Canton, et Tượng-quận qui est l'Annam. »

Les habitants des terres de Việt se réfugièrent alors en masse dans les forêts et refusèrent de se soumettre à Tần; des hommes d'élite s'appostaient pendant la nuit pour arrêter les envahisseurs et les détruire en détail; le général Đồ thủy fut mis à mort et la guerre devenait implacable, quand Tần ordonna à Nhậm ngao son délégué à Nam-hải et à Triêu-dà son général à Long-Châu, d'aller s'emparer avec cinq cent mille hommes des passages de Ngũ-linh (ou des cinq montagnes frontières de l'Empire, dont nous avons parlé plus haut.)

Ces deux chefs s'entendaient parfaitement ensemble, dit la chronique. Cela veut dire qu'ils avaient des vues secrètes dont eux seuls connaissaient la portée, comme nous allons le voir par la suite du récit

Année Tân-meo 209 avant J.-C. — Les généraux de Tần et le Roi Yên-dzeuong. — Fin de ce prince.

Trois années plus tard, le terrible Tần étant venu à mourir à la 37e année de son règne (48me de Yên-dzeuong) les deux chefs cantonnais, Nhậm-ngao et Triêu-dà, profitèrent de la confusion d'alors pour poursuivre la guerre dans le midi et pour en retirer leur profit particulier.

Đà établit ses campements à la montagne de Tiên-dzoụ vers la Bác giang ou fleuve du nord, et il déclara la guerre au Roi Yên-dzeuong. Celui-ci, favorisé par son arc mystérieux, le battit et Đà fut obligé de prendre la fuite. A ce moment, Nhậm ngao venait en barque par le petit fleuve et, atteint de la maladie du pays, il faisait dire à Đà : « Tần n'existe plus; il faut user de stratagèmes et des moyens les plus sûrs pour fonder un royaume. »

Đà considérant donc que le Roi (de Au-lạc) avait un arc mystérieux et qu'il ne pouvait le vaincre, se retira vers les montagnes de Vô-ninh et lui envoya une ambassade pour lui faire des propositions de paix. Le Roi, satisfait de cette démarche, prit le Bìng-giang (plus tard fleuve de Thiên đức) pour ligne de démarcation et donna tout le nord à Dà. Dà, de son côté, fit entrer son fils Trung-thủy dans les gardes du Roi dont il demanda la fille Mĩ-châu en mariage : ce qui fut accordé. Trung thủy, abusant de cette faveur, persuada à Mĩ-châu de lui montrer l'arc merveilleux de son père; puis il en brisa le ressort et le changea. Quelque temps après, retournant vers le nord sous le prétexte de voir son père, il dit en partant à sa femme : « L'affection des époux est impérissable; si la paix des deux royaumes venait à se troubler, le nord et le midi étant ainsi séparés, suivant mon désir je reviendrais ici; quel moyen aurions-nous de nous revoir? » Mĩ-châu lui répondit : « J'aurai toujours sur moi du duvet d'oie que je jetterai sur mes pas à tous les carrefours par où je passerai, pour en reconnaître les embranchements. » Trung thủy rendit compte à Dà son père de tout ce qu'il avait fait.

Nous verrons plus tard la suite de cette histoire; il nous suffit pour le moment de constater que très-probablement Dà connaissait trop peu le pays nouveau, dans lequel il portait la guerre et dans lequel il voyait une organisation plus forte que celle des autres tribus de montagne : aussi il envoyait son fils s'enquérir de l'état des choses soit à la cour du roi Yên-dzeuong, soit parmi le peuple. Le retour de son fils près de lui dut lui être de la plus grande utilité pour la suite de ses projets.

L'année Qúi-tị, 207 avant J.-C., Nhậm ngao mourut de la maladie qu'il avait contractée. Avant sa mort, il dit à Dà : « Tần est sans religion aucune et l'Empire est dans le plus triste état; on n'entend parler que de révoltes partout et le peuple ne sait pas encore sur qui s'appuyer. Cette terre est périlleuse et son éloignement nous fait craindre que les brigands ne l'envahissent; nous désirons donc intercepter les routes afin de nous disposer à assister les Chư-hậu (peuples tributaires) au moment de leur dissolution. »

Quelques temps après il dit encore : « Cette terre de Phanngâu est un pays couvert de montagnes et de cours d'eau à plus de mille lý, est et ouest, et les Tần sont occupés à s'entre-détruire. Il y a ici de quoi faire le royaume d'un prince indépendant; mais parmi les seigneurs et les fonctionnaires que nous avons, il n'y a personne qui en soit digne. C'est pour cela que je m'adresse à vous. »

Dà succédant donc ainsi à Ngao, dans le commandement général des troupes et du pays, s'empressa de faire un manifeste, qu'il fit afficher dans tous les châu et chez tous les seigneurs de la plaine et des montagnes. Ce manifeste portait :

Que l'armée des brigands arrivait, qu'il était de la plus grande urgence de couper la route et de rassembler les troupes pour garder le pays. — Toutes les tribus se levèrent en masse et vinrent se grouper autour de leur chef; les fonctionnaires des Tần furent tous mis à mort et remplacés par des partisans. Le Roi Yên-dzeuong, lui-même, fut abandonné de ses troupes et ce prince malheureux, à la 50me année de son règne, fut obligé de s'enfuir à Nam hải (Canton). Ainsi finit en lui la maison de Thục et le royaume de Au-lạc qu'il avait fondé.

Une seconde invasion du nord dans le midi succédait donc à la première. Yên-dzeuong, roi de Thục, avait détruit la maison des Hùng, rois de Văn-lang; et un général cantonnais, à la tête d'au moins cinq cent mille vagabonds, s'emparait de l'héritage de ces deux dynasties.

Perte du talisman de l'ongle d'or.

On avait voulu expliquer les succès du roi Yên-dzeuong fondant une grande ville, malgré l'opposition des peuples, par l'intervention du génie de la tortue d'or; il devait ses premières victoires sur Triều-đà à l'ongle mystérieux de ce génie, mis comme talisman à son arc. Il était donc logique d'expliquer sa défaite et la perte de son trône par la perte de ce talisman.

« Quand Đà fit avancer ses troupes dans le pays, nous disent les Annales, le Roi ne savait pas que le talisman de son arc était perdu, de sorte qu'il le prit et l'embrassant avec joie, il dit : Đà ne craint donc pas notre arc des prodiges! mais les troupes de Đà s'étant rapprochées et le Roi levant son arc contre elles, l'arc se brisa. Le Roi prit la fuite à cheval, emportant derrière lui sa fille Mĩ-châu jusqu'à Nam-hải; mais Trung-thủy suivait les traces du duvet d'oie que la fille du Roi jetait à tous les carrefours, comme elle l'avait promis. Le Roi arrivé jusqu'aux derniers rivages de la mer, ne trouvait pas de bateau pour passer, il s'écria : « Oh! tortue d'or, sauvez-nous promptement! » La tortue d'or, aussitôt, sortit du fond et se tenant sur le dessus des eaux, lui dit : « Sur l'arrière de votre cheval est votre malheur; tuez-le. » Le Roi, tirant donc son arme, voulait tuer Mĩ-châu qui s'écria et dit : « La foi que j'ai jurée à Trung m'a trompée, je veux devenir une pierre précieuse pour laver cette faute. » Le Roi lui ayant tranché sur-le-champ la tête, le sang de cette jeune fille, qui surnageait sur les eaux, fut absorbé par une huître à perles et se changea en magnifique bijou : le Roi alors, s'appuyant sur une coudée de corne de rhinocéros entra dans la mer et disparut; Trung-thủy suivait de près, et voyant le cadavre de Mĩ-châu, il l'embrassa en proférant des sanglots et il l'ensevelit à Lõa-thành. Inconsolable, il se retira ensuite à Tàng-lạc où il se donna la mort en se précipitant dans un puits. — Plus tard, quand les gens de la contrée trouvaient des pierres précieuses sur le rivage de la mer, ils allaient les laver à ce puits et la beauté des pierres devenait éclatante comme celle d'une gemme. »

Dynastie Triêu dà, 3e maison. — Royaume de Nam-Viêt; an 206 avant J.-C., année Giap-ngo du cycle.

Triếu-dà, vainqueur, était maître de Au-lạc, formé des deux royaumes de Văn-lang et de Ba-thục et de tous les pays des montagnes de Ngũ linh au nord et à l'ouest. Ce prince vécut 121 ans, dont il régna 71. C'est ce long règne que nous avons à étudier, au commencement de la grande dynastie des Hán.

L'année Giáp ngọ ou 206 avant J.-C., Dà avait réuni sous son autorité les territoires de Lâm ấp (jusqu'à Tourane) et de Tượng-quận dans les montagnes du sud-ouest. Il se déclara donc roi de Nam-Việt (midi au delà) et il data son règne de cette année-là, avec le chiffre Võ-đế. L'année suivante, la dynastie Tần disparaissait en Chine et Leuou-bang, fondateur de celle des Hán, montait sur le trône.

Les années suivantes, disent les annales, il y eut de grands signes dans le ciel. En 203 il y eut éclipse de soleil à la fin du 10me mois et à la fin du 12me; en l'année 202 (Mô tuât) une étoile changea dans la đại-giác ou grande corne.

En l'année qúi mẹo, 197 avant J.-C., le roi Võ-đế nomma deux chefs : l'un, seigneur de Giao-chỉ et l'autre seigneur de Cửu chân, — deux territoires qui étaient notre vrai An-nam, dit l'auteur.

Cao-đê, 1er Empereur de la maison des Hàn, reconnait le Roi de Nam-Viêt, At-ti. 196 avant J.-C.

En ất-ti, 196 avant J.-C., le Roi de Nam-việt était à sa douzième année de règne quand l'Empereur de Chine, entendant dire que Triếu-đà s'était fait roi du sud, envoya une ambassade pour le saluer comme tel, pour lui remettre les cachets et les insignes de sa dignité et pour le prier de réunir en paix les tribus Bá việt, sans se déclarer un ennemi et un fléau.

Quand l'ambassadeur se présenta, le Roi le regarda avec fierté et mépris, dit la chronique. L'ambassadeur lui adressa ce discours : « Votre Majesté est originaire de la terre des Hán ; votre famille et vos tombeaux sont tous sur cette même terre des Hán et voilà que, brisant avec toutes nos coutumes, vous vous mettez en opposition avec les Hán pour les combattre. Comment ne serait-ce pas un grand égarement? Tần a perdu l'Empire; tout l'Empire est soumis et reconnaît Hán, ce prince clément et généreux qui aime les hommes; tout le peuple est dans l'allégresse de le voir revenir prendre la place de ses ancêtres à Hàm-dzeuong et de l'avoir vu en cinq ans détruire ses cruels ennemis et pacifier les quatre mers. Ce n'est certes pas à la force humaine qu'il le doit, c'est à la faveur du Ciel qui le protége.

« L'Empereur entend dire maintenant que Votre Majesté a résolu de surpasser tout le monde et de faire ainsi le malheur des populations. C'est pour l'empêcher qu'il nous envoie vers vous et qu'il nous charge de vous remettre cette boîte de cachets et d'insignes : il convient que Votre Majesté salue avec le respect voulu le décret Impérial, et, s'il n'en est pas ainsi, il faut se préparer à d'autres formalités. Pensez-vous donc qu'avec le seul appui des Bá-việt, vous pourrez supplanter le fils du Ciel? Quand on rendra compte au fils du Ciel de notre mission, il enverra ses armées vous demander raison de l'offense et alors qu'en sera-t-il de Votre Majesté? »

Le Roi, qui avait été jusques-là incliné et pensif, se releva et dit : « Les liens de l'amitié et nos bons rapports mutuels sont brisés depuis déjà bien longtemps. » Puis il fit cette question à l'ambassadeur : « De Tiêu hà, de Tàu tham ou de moi, quel est le sage? » L'ambassadeur répondit : « Vous êtes sage. » Il ajouta : « Et de Hán ou de moi, quel est le sage? » L'ambassadeur répondit : « Hán đế a l'héritage des cinq Empereurs et des trois Rois ; Hán commande à des peuples immenses et à plus de dix mille lý les richesses du monde sont entre ses mains, à tel point qu'on n'avait jamais vu tant de puissance; mais les populations qui obéissent à votre puissance, soit sur les montagnes soit vers la mer, peuvent s'évaluer tout au plus à cent mille âmes. Vraiment, comparer Hán au seigneur d'un pays tributaire, cela convient-il à la majesté de son Empire. » Le Roi alors se prit à rire, et dit : « J'éprouve de la colère de ne pouvoir m'élever au-dessus de lui ; comment mon grand éloignement fait-il que je ne sois pas comme Hán ? » L'ambassadeur ayant rougi, garda le silence et se tut.

Étant resté quelques mois encore chez le Roi, le Roi lui dit : « Dans cette terre de Việt, il n'y a personne avec qui l'on puisse converser ; depuis que vous êtes ici, vous m'avez dit chaque jour des choses qu'on n'entend pas ailleurs, et il lui donna, dans une bourse précieuse, milles pièces d'or. A son départ il lui en donna encore mille autres.

Dans l'année Bìng ngơ (194 avant J.-C.) l'Empereur Cao-đê, le premier prince de la famille des Hán, étant venu à mourir, l'Empereur Huệ đê lui succéda et occupa le trône pendant sept ans. Les rapports de Nam-việt avec la Chine n'eurent rien de particulier ; mais en qui-sửu (187 avant J.-C.) il y eut éclipse de soleil à la fin du 1er mois et éclipse de soleil et de lune à la fin du cinquième. Huệ đê vint à mourir et c'est alors que commencèrent les grands troubles de la succession.

Triêu dà se révolte de nouveau contre la Chine et se déclare Empereur : l'an 182 avant J.-C.

En l'année ât-mẹo (185 avant J.-C.), Triên đà était à la vingt-deuxième année de son règne et l'Impératrice Cao-hậu, en Chine, était à sa seconde. Cette année-là il y eut éclipse de soleil à la fin du 6e mois. En đinh-kỳ (183) l'Impératrice défendit à tous les marchés de la frontière de vendre des instruments de fer aux gens de Nam-việt. Le Roi dit alors : « Cao-đê nous a envoyé une ambassade et des présents et maintenant voilà que Cao-Hậu écoutant les jalousies des grands seigneurs de la cour contre nous, veut faire une différence entre Hán et Việt : c'est assurément le fait du Veuong (*) de Trương-sha, qui veut profiter de la puissance des Hán pour s'emparer de nos états. » De sorte que l'année suivante, en Mô-ngọ, 25e de son règne et 5e de celui de Cao-hậu, Triệu-đà se déclara Empereur et porta ses armes contre le veuong de Trương-sha. Après avoir envahi quelques-unes de ses seigneuries, il s'en revînt.

En Canh-thân (180 avant J.-C.), l'Impératrice Cao-hậu envoya ses généraux contre Nam-việt pour venger le veuong de Trương-sha. L'armée Impériale, victime des grandes chaleurs

(*) Veuong veut dire Roi et à cette époque nous voyons que beaucoup de seigneurs appelés d'abord et ensuite quân, le portaient.

humides du pays, périt complétement et le Roi, profitant de la circonstance pour parcourir avec son armée et avec beaucoup d'éclat toutes les tribus de Mân-việt et de Tây-âu-lạc, qui sont Giao-chỉ et Cửu-chân, toutes le suivirent et s'attachèrent à lui; à l'est et à l'ouest, à plus de dix milles lỳ, il apparut porté sous un dais jaune orné d'étendards, à la façon des Hán.

Mort de l'Impératrice Cao-hâu.—Ambassade de son successeur au Roi de Nam-viêt. (179, 178 avant J.-C.)

L'année suivante (en tân dzậu) l'Impératrice Cao-hậu expirait après huit ans de règne et de confusion; et les grands dignitaires de la cour, après avoir mis à mort une grande partie de sa famille, élevaient sur le trône le fils d'une concubine de Cao-dê, le 1er empereur, sous le chiffre de Văn-đê. Ce prince aussitôt qu'il eût arrangé les affaires de la succession et distribué les grades et les dignités de son entourage, s'informa, sans perdre de temps, des ambassades de Việt, et on lui répondit : « Le premier empereur avait envoyé Lục giá à cette ambassade. » Lục giá fut donc encore choisi et l'Empereur, en lui conférant un titre qui lui donnait une grande importance aux yeux de la cour, lui adjoignit un autre dignitaire pour porter au roi de Nam-việt la lettre suivante :

« J'entendis dire, sans pouvoir en douter, que le roi de Nam-việt est endurci de cœur et se fatigue de ses pensées, au dernier point. Nous sommes le fils d'une concubine de l'Empereur, et comme nous étions mis de côté et retiré dans le commandement des terres de Dàï, l'éloignement a été cause que nous n'avons pu entretenir entre nous un commerce de lettres. A Cao-đê a succédé Huệ-đê et ensuite, depuis que l'Impératrice Cao-hậu a succombé malheureusement à l'infirmité qui lui a donné la mort, les membres de sa famille se sont à l'envie disputé l'autorité : ils n'ont pu arriver à l'unité et c'est ce qui fait qu'on a choisi le fils d'une autre famille pour fonder l'aînesse de Huệ-đê. Avec le génie protecteur de ses mânes et la puissance des grands dignitaires de la couronne, tous les prétendants ont été mis à mort et nous avons été porté à l'Empire, sans que nous ayons pu nous en défendre.

« Depuis que nous régnons ainsi, nous avons appris que Votre Seigneurie, avait chargé Long-lự-hậu, un de ses commandants militaires, de porter une lettre à nos cousins pour les prier de rappeler les deux chefs de Trương-sha. En donnant suite à cette lettre, j'ai ordonné au commandant Bácdzeuong-hậu et à toute sa famille de se retirer à Chân-định. Après cela j'ai envoyé prendre des informations au sujet des tombeaux de votre famille qui ont été réparés; mais j'ai appris aussi que vous ne cessiez de porter vos armes ennemies sur la frontière. Trương-sha éprouve un grand mal de cet état de choses et vous, le seigneur du midi, vous vous glorifiez dans votre puissance. Vous, le Roi de ce royaume, aurez-vous donc seul tous les biens? Assurément, beaucoup de gens valeureux ont été tués; beaucoup de bons chefs ont été blessés et lésés dans leurs biens, des femmes sont devenues veuves, des enfants ont été orphelins, des pères et des mères ont été privés de leurs enfants et pour gagner un, dix ont été perdus : Ne pouvant souffrir un pareil état de choses, j'ai voulu fixer un territoire où la dent des chiens ne fut plus que paisible et à cet effet, j'ai interrogé les fonctionnaire qui m'entourent et qui m'ont tous répondu que Cao-đế avait fixé Trương-sha comme limite de votre royaume et qu'elle ne pouvait changer. Mais maintenant que vous êtes roi de toute cette terre, avez-vous assez pour être bien grand? Vous avez les qualités du Souverain, mais vous n'avez guère ce qu'il faut pour une grande puissance. Vous êtes Roi depuis Ngũ-linh jusqu'au midi et vous prenez le titre d'Empereur! De deux Empereurs ensemble, il faut que l'un succombe et en suivant la loi des rapports à établir, il y aura lutte et lutte dont le résultat n'est pas soumission : la vertu ne l'entreprend pas. Je désire réparer en ce moment, avec Votre Seigneurie, tous les maux antérieurs et renouveler pour l'avenir les relations d'ambassade comme par le passé. C'est pour cela que j'envoie Lục-giá vers vous : il vous informera bien de mes volontés et vous consentirez à ne plus être un ennemi et un fléau. Il vous porte cinquante habits doublés de 1re qualité, trente de 2e et vingt de 3e, priant Votre Seigneurie de les accepter avec plaisir et de cesser toute inquiétude d'esprit : il va vous visiter. »

Quand Lục-giá, qui était déjà une vieille connaissance pour le Roi, se présenta, le Roi, plein de gratitude, le remercia en disant : « J'obéis au décret de Sa Majesté » et aussitôt il fit une proclamation dans laquelle il déclarait ceci : « Je sais que deux héros n'ont pas la même demeure et que deux sages n'ont pas le même siècle. Hán, empereur, est le fils du Ciel! A partir donc de ce jour, je rejette les titres et les insignes d'Empereur et, par considération pour la lettre que m'a écrite Sa Majesté, je ne m'appellerai plus que le vieillard, grand chef des montagnes, haut fonctionnaire Dá »—et il signa Muôi tử : ce qui signifie l'ignorant mort.

Ensuite, il écrivit à l'Empereur cette réponse : « Le vieillard ancien fonctionnaire du Việt s'incline devant Votre Majesté. — Cao-đê m'avait donné les insignes de Roi de Nam-việt et à l'avénement de Huệ-đê il n'y avait eu rien de changé pour moi dans les affections Impériales : c'est ce qui avait fait ma grande puissance. L'Impératrice Cao-hậu a voulu établir une différence entre l'Empire et nos montagnes et Elle a défendu le commerce des outils, des instruments aratoires, des chevaux, des buffles et des chèvres, ne laissant vendre que les mâles de ces animaux et prohibant les femelles. Qu'est-il arrivé? C'est que pour les sacrifices j'ai été obligé de me servir d'animaux ayant déjà la dent longue : ce qui est un crime digne de la mort. Par trois fois, j'ai envoyé des gens de mon entourage porter mes plaintes : ils ne sont pas revenus. Ensuite j'ai su que les tombes de mes ancêtres étaient violées, que toute ma parenté avait été mise à mort, je me suis alors dit : Ici, maintenant, je n'ai plus rien qui me rattache aux Hán et au-dehors qu'aurais-je donc de plus extraordinaire que les Ngô? C'est pour cela que je me suis déclaré Empereur et en le faisant ainsi de mon chef, ce n'est pas certes avec l'audace de vouloir nuire aux peuples. »

« Cao-hậu à cette nouvelle est entrée dans une grande colère et elle a fait rayer Nam-việt des archives, les ambassades n'ont plus eu lieu. J'ai pensé que le Veuong de Trương-sha s'était insinué pour faire prévaloir ses jalousies en portant son armée sur mes frontières et de plus, voyant les seigneurs des montagnes, ceux de Dông mân et de Tây âu, se déclarer tous rois. j'ai pris le titre de Dê. Si j'avais connu Votre Majesté comment ce fait aurait-il eu lieu? Depuis déjà quarante-neuf ans, je suis à la tête des peuples de Việt; maintenant j'ai les petits enfants de mes enfants; je me lève du plus grand matin et la nuit, couché, je ne puis reposer en paix sur ma natte; je ne trouve plus de goût à ma nourriture; mes yeux ne voient plus les beautés qui peuvent séduire le cœur; mes oreilles n'entendent plus le son des cloches et des tambours : c'est ce qui fait que je n'ai plus connu les Hán. »

« A présent que Votre Majesté compatissante se préoccupe à mon sujet et me rend mon titre précédent, à présent qu'elle renouvelle les ambassades comme par le passé, mes ossements à ma mort éviteront la corruption. Je n'oserai donc plus m'appeler Dê.

« Je profite de cette ambassade pour offrir à Votre Majesté une pierre précieuse, dite bạch bích, mille queues de petites hirondelles tùy, vert bleu, dix cornes de rhinocéros, cinq cents écailles de tortue, un vase de vermoulure de canelle, quarante petites hirondelles tùy vivantes et deux couples de paons. »

Le Roi, après avoir signé cette lettre avec les termes les plus humbles, s'inclina de nouveau devant la majesté de l'Empire et Lục giá s'en retourna vers l'Empereur Văn đế qui fut rempli de joie. Depuis lors le midi et le nord furent en paix parfaite et l'armée et le peuple purent se livrer aux douceurs du repos.

Jusqu'à la fin du règne de Triều đà, qui dura encore quarante-trois ans, les Annales ne nous parlent guère que d'éclipses de soleil et de comètes, dont le détail est tiré du reste des Annales chinoises. En ất-dzậu, 155e année avant J.-C., l'Empereur de Chine ordonna à tous les seigneurs du royaume d'élever un temple à la mémoire du 2e empereur de sa famille. En đinh dzậu, 149e année, Triều đà était dans la 64e année de son règne : il envoya une ambassade en Chine. Il se disait le veuong Triều et il demandait que son royaume fut assimilé aux autres chư hậu (ou fiefs) de l'intérieur, Tỉ nội chư hậu, d'où le nom lui resta dans les archives. En canh tị, 140, à la fin du 10e mois, le soleil et la lune devinrent rouges; au 12e mois, le soleil devint violet et les cinq planètes eurent une révolution irrégulière par rapport à Thái vi; la lune passa au milieu de thiên điền (ou thân long) qui est l'étoile de droite de Thái vi; Hán était mort au premier mois de cette même année. En nhậm dần, 138, il y eut à la fin du premier mois une éclipse de soleil et au quatrième mois, pendant la nuit, une étoile (probablement une aurore boréale) parut brillante comme le soleil.

Mort de Triều dà : année giàp thân — 136 ans avant J.-C.

L'année giáp thân ou 136 avant J.-C., était la soixante-onzième année du règne de Triều đà et la cent vingt-unième de son âge : c'est aussi celle du terme de sa longue carrière et de ses longs travaux, son petit-fils Hồ lui succéda. — Sous les Tràn on décora ce grand prince du titre de fondateur du ciel et de la religion, de génie saint de la guerre et de sage empereur (Khai thiên thể đạo, Thánh võ thần, Triết hoàng đế). Et, en effet, la nation annamite doit beaucoup à son génie. Il a su, tout en reconnaissant la suprématie de la Chine, d'abord mise de côté, rendre les tribus de Bá-việt indépendantes et leur donner, pendant 71 ans de règne, la consistance d'une nation considérablement agrandie et par l'invasion et par l'agrégation des voisinages. Il est à regretter que ce prince soit chinois et non indigène ; mais, à cette époque, la nation annamite avait besoin d'une forte trempe de la civilisation du grand Empire, et si plus tard la centralisation chinoise a été un excès et une ruine, dans ces temps-là son intervention, quelle qu'elle fut, était un grand bien : c'était la seule garantie de quelque grandeur et de quelque puissance.

Règne de Hô vàn, fils de Hô trung thủy et petit-fils de Triêu-dà, Binh ngo, 134 avant J.-C. — Guerre de Mân-viêt. — L'Empereur de Chine envoie féliciter le Roi.

Le fils de Trung thủy (que nous avons vu se précipiter dans un puits par désespoir d'avoir perdu sa femme Mĩ-châu, fille du roi de Au-lạc) succéda naturellement à son grand-père Triêu-đà. Il devait être déjà d'un âge avancé puisqu'il y avait plus de 70 ans qu'il avait perdu son père. Il ne régna que 12 ans.

En l'année bính-ngọ (134 avant J.-C.) à la deuxième année de son règne, nous disent les Annales, une étoile changea dans l'est et parut immense comme le ciel. Cette même année, veuong Shính, seigneur de Mân việt, porta la guerre sur les frontières. Le Roi, rigide observateur des conventions avec les Hán, ne voulut pas mettre son armée en mouvement pour repousser l'ennemi, sans en avoir préalablement référé à la cour Impériale. Kiên-nguyên, l'empereur Hán qui régnait alors, fut très-satisfait de cet hommage et il leva une grande armée dont une partie, commandée par veuong Khôi, se porta à Dzẹu cheuong et l'autre, commandée par Hán an, se dirigea sur Hội khê, pour réduire le pays de Mân việt. Veuong-an, seigneur de Hòai-nam, fit alors une longue adresse à l'empereur de Chine pour le dissuader de poursuivre cette guerre; mais l'armée impériale n'avait pas encore dépassé les montagnes de Ngủ linh que le frère cadet de veuong Shính, seigneur de Mân-việt, s'entendit avec sa parenté pour le mettre à mort. Il dit à ses affidés : « Notre seigneur a porté de son chef la guerre chez le roi de Nam-việt, sans en faire apprécier les raisons par l'Empire : c'est pour cela que Hán envoie ses troupes pour le détruire; si nous avons l'avantage sur elles, il les augmentera et en fin de compte le royaume sera détruit. Il n'y a qu'un parti à prendre : c'est de tuer le seigneur pour rendre grâces à Hán et le prier de retirer ses troupes. » Aussitôt après ce discours, veuong Shình fut mis à mort; on porta sa tête au général chinois veuong Khôi qui arrêta ses mouvements et envoya prévenir l'autre général chinois, Hán-an; un courrier fut envoyé à la cour Impériale et Hán, rempli de joie, envoya Trang trợ en ambassade au roi de Nam-việt pour le féliciter de la paix.

Le roi Hô văn, à la vue de l'ambassadeur, prit sa tête entre les mains et dit : « Le fils du Ciel a levé une armée à cause de ce misérable, pour détruire Mân-việt ! Quand je donnerais ma vie, je ne pourrais lui rendre de dignes actions de grâces. » Ensuite il ordonna à son fils, Anh tê, d'aller se constituer ôtage auprès de l'Empereur et il dit à l'ambassadeur : « Le royaume vient d'être tout récemment agité par l'ennemi : retournez, et dans peu de jours j'irai moi-même offrir mes hommages au fils du Ciel. » Mais après le retour de l'ambassadeur, les grands seigneurs de la cour s'opposèrent au projet du roi et lui dirent : « L'armée de Hán vient de mettre à mort le seigneur de Mân việt et elle est disposée à porter le trouble jusques dans nos états. Le feu roi disait : Il suffit de ne pas manquer aux Hán ; mais pour ce qui est d'entretenir avec eux une grande amitié et d'aller les voir : quand on ne reviendra plus, ce sera le royaume perdu. » Le Roi feignit donc une maladie et il n'alla pas à la cour de Chine.

Opinion des Chinois de ce temps-là sur les peuples Việt.

L'adresse du seigneur de Hoài-nam à l'Empereur de Chine, pour le dissuader de faire la guerre aux peuples de Nam-việt, quoiqu'elle soit confuse en certains endroits et qu'elle ait l'air de parler de la Sibérie, nous donne cependant une idée de l'opinion qu'on avait à la cour des Hán du royaume d'An-nam à cette époque ; c'est pour cela que nous la donnons *in extenso* :

« La contrée de Việt, dit cette adresse, est une terre du dehors où on se rase les cheveux, où on se tatoue le corps et dont le peuple ne peut suivre les rites et les coutumes du royaume où l'on porte chapeau et bonnet. Depuis les Tam-đài, Hô et Việt ne veulent pas observer les premiers principes de la religion. Ce n'est pas que par la force on ne puisse les y obliger et qu'en usant de sévérité on ne les réforme, mais une terre inhabitable et un peuple qu'on ne peut diriger, vaut-il la peine que l'Empire s'en occupe. — Maintenant ils se font la guerre entr'eux et Votre Majesté fait avancer son armée pour aller les secourir : c'est contraire aux intérêts de l'Empire et c'est se donner trop de mal pour des barbares. Les gens de Việt sont légers, de peu de consistance et changeants ; ils n'ont aucune règle et ce n'est pas d'aujourd'hui. S'ils n'exécutent pas vos décrets, vous avez une armée pour les détruire ; mais je crains que votre armée s'éloignant ne trouve plus de repos. Vous avez une année de disette et vos peuples sont à peine soumis. — Si vous envoyez une armée, il lui faut des approvisionnements à mille lý, dans des forêts impénétrables, dans d'épais bambous remplis de serpents, de tigres et d'animaux féroces, dans un pays où, l'été, les chaleurs engendrent des maladies pestilentielles et des tumeurs mortelles; l'armée n'aura pas eu le temps d'arriver sur le terrain que la mort, les maladiés et les blessures l'auront réduite à rien. J'ai appris que la suite d'une guerre est toujours une année de grands fléaux : c'est que le fluide produit par les grands malheurs, la diminution de cohérence entre les éléments primordiaux âm et dương et l'amoindrissement dans les relations du Ciel et de la terre en sont la cause. La vertu de Votre Majesté est unie au Ciel et se répand jusques sur les moindres créatures; un homme qui meurt de faim et de froid sans attendre le terme naturel de sa carrière, vous émeut le cœur, et ici, pendant que tout est dans la paix la plus parfaite et qu'on n'entend plus l'aboiement des chiens, vous envoyez vos soldats dans des montagnes couvertes de précipices, de torrents, de frimas et de pluies continuelles, où le peuple s'enferme le matin pour n'ouvrir qu'à midi et où le matin n'est pas à temps du soir. Je crois que Votre Majesté doit peser tout cela.

« Ces gens de Việt sont faibles et peu industrieux; ils ne peuvent combattre par terre; ils n'ont pas de chars pour se servir d'arcs et de flèches : de sorte qu'on ne peut pénétrer chez eux pour protéger les endroits déjà fortifiés par la nature et d'ailleurs les gens de l'Empire ne supportent pas ce climat. — On dit sur les routes que le frère cadet du seigneur de Mân-việt l'a tué et que le peuple n'a pas encore de maître. Si donc Votre Majesté prenait la chose en considération, elle étendrait sa vertu pour récompenser, elle ferait un décret d'institution et tous les gens de ce peuple ramèneraient leurs enfants et leurs vieillards en paix à leur foyer; mais si Votre Majesté n'use pas de ce moyen, par la force même des choses qui maintiendra ou perdra ce royaume, un prince s'élèvera qui ne pourra manquer de vous envoyer des ôtages et de vous rendre ses devoirs : Votre Majesté lui donnera alors ses cachets et l'ordre de veiller à la sûreté de l'extérieur, sans qu'un soldat se fatigue et sans qu'une lance soit émoussée Tout se fera par l'influence de vos vertus.

« A présent, vous enverrez votre armée pénétrer dans ce territoire; assurément, tout le peuple saisi de crainte s'enfuira dans les montagnes et les forêts en tournant le dos et disparaîtra. Alors votre armée se réunira dans quelque endroit pour le garder. — Pendant des siècles elle sera en proie à la fatigue et à la faim : d'un côté, il y aura danger et attaque et des quatres autres il y aura confusion. Je crains de là la dissolution et le brigandage dont le commencement est toujours ainsi. J'entends dire que l'armée du fils du Ciel est bien organisée, mais qu'elle ne combat pas : je n'ose le croire. Cependant si les gens de Việt remportaient un grand succès, il n'y a pas un soldat, de ceux-mêmes qui conduisent vos chars et vos chevaux, qui sera à temps pour s'en revenir, et alors, quand même on apporterait la tête du Roi de Việt, j'en rougirais encore.

« Votre Majesté a les neuf châu de sa maison, tout le peuple lui est soumis, vraiment une terre de barbares suffit-elle pour qu'un seul jour on soit inquiet de la sueur d'un cheval fatigué? Il est dit dans les Kinh que la religion du souverain est immense et que les contrées éloignées la suivent. Je crains qu'on ne prenne cent mille hommes pour un seul qui arrangerait tout. »

Mort du Roi Hô-vân l'an 124 avant J.-C. Son fils Minh-veuong lui succède.

Nous avons vu plus haut que la guerre n'eût pas lieu; que le seigneur de Mân-việt fut mis à mort par les siens et que le Roi de Nam-việt envoya son fils Anh-tề remercier l'Empereur de Chine de la pacification du pays. Ce prince étant tombé plus tard gravement malade, Anh tề revint de la cour des Hán et dans l'année bính thìn, 124, il succédait à son père qui venait de mourir.

Anh tề, disent les annales, prit, en montant sur le trône, le chiffre de Minh-veuong. Il régna 12 ans et comme il n'observa pas les règles du mariage, il fit la perte de sa maison et de son trône.

En l'année đinh tị (123) il nomma Lữ gìa, que nous verrons plus tard se révolter, à la dignité de Thái-phó ou de lieutenant général. Pendant son séjour à la cour des Hán, Anh tề avait épousé la fille d'un seigneur chinois né Bưu cư, dont il avait eu un fils nommé Hưng. Devenu Roi, il avait écrit à l'Empereur pour demander à élever cette femme au rang de reine-mère et Hưng à la dignité de prince royal au détriment de Vệ dzeuong le fils aîné de sa première femme. Ce fait ne suscita pas de grands troubles pendant le reste de son règne et l'unique préoccupation de son entourage paraissait être d'éviter le trop d'assiduité aux saluts d'usage. Hán faisait des reproches au Roi de ne pas venir à la cour, et le Roi, qui craignait de n'y paraître que comme un simple seigneur de pays tributaires, prétextait la maladie et ses infirmités pour n'y pas aller.

Ai veuong, fils de Minh veuong, l'an 112 avant J.-C.—Révolte du 1er ministre.—Intervention chinoise et perte du royaume

Il mourut en l'année mô-thìn (112) et son fils Hưng lui succéda avec le chiffre de Ai veuong, ou prince malheureux, qu'on lui donna à la fin de cette année qui fut la seule de son règne. Sa mère, chinoise d'origine, était adonnée à la luxure la plus effrénée : elle voulait gouverner le royaume; son fils était en bas âge et elle résistait de parti pris à tous les conseils des hauts dignitaires de la couronne. Avant son mariage avec Mình-veuong, elle avait eu des rapports coupables avec Thiều qúi, haut fonctionnaire chinois, originaire de Bá lang. L'Empereur choisit, cette année-là même, ce haut fonctionnaire pour porter l'édit d'invitation aux saluts, au jeune roi et à sa mère. Aussitôt la réception de l'édit, on s'empressa de le mettre à exécution; les fonctionnaires lettrés le publièrent chez tous les gens de quelque importance et parmi toutes les milices; les mandarins militaires prirent leurs mesures et le général impérial Lô bác đức se porta avec ses troupes sur Quê dzeuong pour y attendre le retour des ambassadeurs. Mais l'amour d'uue femme fit avorter cette fois les projets de l'Empereur et précipita le royaume de Nam-việt dans l'abîme de neuf à dix siècles que nous allons bientôt voir : c'est-à-dire dans l'absorption complète du pouvoir indigène par l'autorité directe de la Chine pendant tout ce temps.

L'ambassadeur Thiều qùi ayant eu récidive des rapports coupables qu'il avait eu antérieurement avec la reine, l'irritation qui régnait déjà dans le pays, par suite de l'avénement au trône d'une sorte de bâtard encore tout enfant et de la régence d'une étrangère sa mère, fut portée à son comble. Les seigneurs ne voulurent plus obéir à la reine et ils se mirent à chercher les moyens de la renverser elle et son fils. Dans cette circonstance critique, cette femme perdue n'eût plus d'autre ressource que dans les Hán, qu'elle informa de l'état des choses et, pour ramener l'esprit des populations, elle demanda, comme faveur, que l'époque des hommages n'eut lieu, comme dans les temps anciens, que tous les trois ans. Les Hán se montrèrent faciles et, en accédant à cette demande, ils envoyèrent au Roi et à son premier ministre un cachet d'argent en même temps qu'une feuille de pouvoirs, qui accordait de nommer à toutes les dignités, excepté celle de Thái phó ou lieutenant-général; on autorisait aussi à juger de tous les crimes et délits, excepté de ceux comportant la peine du front incisé et du nez coupé; c'était s'immiscer dans le gouvernement intérieur de ce royaume d'une manière inusitée.

Aussi pendant que la reine, un peu rassurée, faisait préparer de riches présents pour rendre grâces à l'Empereur, Lư-gia, le premier ministre et le seul homme capable de bien comprendre la portée de cet acte et de représenter l'idée de son pays, Lư-gia leva l'étendard de la révolte. Cet homme, alors dans un âge avancé, gérait depuis trois règnes les affaires du gouvernement comme lieutenant général; sa famille remplissait le palais et y comptait plus de 70 personnes. Tous les garçons étaient mariés à des Công chúa, ou filles du palais, et toutes les filles aux Tông thất fils, frères et parents du roi; en outre, Gia était lié de l'affection la plus intime à Tấn vương, seigneur de Thương ngô, qui était le seigneur le plus voisin et qui ne se souciait nullement du Roi et de sa mère.

Souvent Lữ gia avait écrit au Roi pour lui faire des réflexions sur l'état des choses; mais il n'était plus écouté et dans le ressentiment qu'il en éprouvait, il avait refusé de paraître devant les ambassadeurs chinois, sous le prétexte qu'il était malade. Les ambassadeurs pénétraient ses intentions de révolte, mais, persuadés qu'il ne pouvait rien contre le Roi, ils attendaient. La reine était agitée et de la crainte de succomber et de la haine la plus violente, de sorte que, résolue de prévenir les événements et d'entraîner les ambassadeurs dans son dessein de mettre à mort Lư gìa, elle donna une grande collation à laquelle elle força tous les hauts dignitaires de la couronne d'assister, excepté le frère cadet de Lư gìa, qui commandait les troupes, et qui se tint avec ses gens en dehors du palais.

Pendant que l'on buvait le vin, la reine adressa à Lư gìa ces quelques paroles confuses : « Nam-việt est notre bien et si Votre seigneurie ne le trouve pas, qu'aura-t-elle pour s'opposer aux ambassadeurs et leur témoigner sa haine? » Les ambassadeurs comprirent que le moment critique arrivait et prenant aussitôt leurs bâtons, ils sortirent de la salle sans oser se déclarer; Lữ gìa de son côté, voyant qu'il avait tout à craindre du dénouement, se leva et quitta l'assemblée. La reine, irritée, voulait le poursuivre et l'arrêter, mais le Roi l'en empêcha. Lữ gìa put gagner la frontière avec son frère et les troupes qui lui étaient attachées, et de là il envoya des agents dans tout le pays pour exciter les autres fonctionnaires de la couronne à la révolte.

Il n'y avait cependant que la reine qui voulut mettre à mort Lữ gìa : le Roi s'y opposait avec les ambassadeurs. Aussi Lữ gìa, bien informé et sachant d'ailleurs que la reine manquait des moyens nécessaires pour accomplir son dessein, attendit encore plusieurs mois avant d'éclater. Ce temps fut suffisant pour informer l'Empereur que la reine était sans autorité, que les ambassadeurs indécis et timides n'osaient rien entreprendre; que d'ailleurs Gìa était seul à se révolter et qu'il était impuissant à lever une armée. Il résolut aussitôt d'envoyer Trang tham avec 2,000 hommes pour arranger toute cette affaire. Trang tham lui répondit : « Il s'agit d'une affaire toute pacifique; il suffit de quelques hommes. A quoi bon envoyer toute une armée? » L'Empereur envoya donc à sa place le général Hàn thiên thu. Ce général dit alors à l'Empereur : « Dans ce petit royaume de Việt il n'y a que le seul Lữ gìa qui se révolte : je ne demande à Votre Majesté que 300 hommes d'élite pour vous rapporter sa tête. » Mais l'Empereur persista à envoyer 2,000 hommes, commandés par Thiên thu et le frère de la reine.

Lữ gìa fit aussitôt cette proclamation au pays : « Le Roi est dans un âge tendre; sa mère est de l'origine des Hán et les ambassadeurs nous sont ennemis. Ces gens viennent s'emparer de tous les trésors du feu Roi pour les offrir aux Hán; une bande de séducteurs les a suivis jusqu'à Trường an, pour enlever des enfants et en faire des esclaves; ne voyant que leurs plaisirs du moment, ils profanent les demeures sacrées du roi Triều, qui sont élevées pour les siècles. » Cette proclamation produisit le plus grand effet et Lữ gìa. sans perdre de temps, en profita pour mettre à mort le Roi, la reine et les ambassadeurs, et, après ce coup désespéré, il envoya prévenir Tần vương, seigneur de Thương ngô, et tous les autres seigneurs Quận et Ap, que Thuật vương, fils de la première femme de Minh vương, était roi sous le chiffre de Kiến đức.

Règne de Thuât vuong et fin de la 3e dynastie annamite.

Au 11e mois de l'année, Lữ gìa s'était déclaré régent du nouveau Roi quand Thiên thu entra dans le pays avec ses deux mille hommes. Gia se mit aussitôt en marche contre lui et il n'était pas à 40 lý de Phan ngẫu, qu'il l'attaqua et le tailla en pièces. Il écrivit alors aux Hán une lettre hypocrite d'excuses les plus humbles, qu'il fit mettre sur les portes des premiers forts de la frontière, et il se retira dans les endroits périlleux qui pouvaient lui servir de défense.

A cette nouvelle, l'Empereur envoya Lộ bác đức à Quê dzeuong; Dzeuong phọc avec ses navires à Dzẹu cheuong; Nghiêm avec ses barques à Linh lang; Giáp à Thương ngô et Quí au fleuve de Dzeuong hà. Tous ces différents commandants devaient se réunir par terre et par eau aux environs de Phan ngầu pour le bloquer et s'en emparer à tout prix.

L'année 110 avant J.-C. (canh ngọ) pendant l'hiver, Lô bác đéuk, le général en chef, put réussir à forcer le barrage en pierre qui se trouvait en avant de cette citadelle et à s'emparer de tous les approvisionnements du Roi; tout le pays fut dès lors soumis et le Roi et son tuteur tombèrent au pouvoir de l'ennemi. Que devinrent-ils? l'histoire ne le dit pas. Mais Lô-bác-đức, victorieux, ordonna à trois chefs de Giao-chỉ, de Cửu-chân et de Nhật-nam de lui apporter avec trois cents buffles et mille muids de vin, les registres de population de tout le pays. Il confirma ces trois chefs dans leur autorité et il réunit leur pays à Nam-hải (Canton) Thương ngô (l'ancien royaume de Au-lạc) Uất-lâm (le quê lâm des Tần) Hạp phô (le tần tượng ou parc à éléphants des Tần) Châu nhai et Thiềm nhĩ (deux îles du large), ce qui faisait neuf châu sous un même commandement, que les Hán confirmèrent sous le titre de Tích sử thái thủ.

Ainsi finit le royaume fondé par Triệu đà, par Yên dzeuong et par Kinh dzeuong, sous les noms de Nam việt, de Au lạc, de Văn lang et que les Chinois appelaient de plusieurs noms différents. La dynastie de Triệu-đà avait régné 97 ans.

Gouverneurs chinois.

Sous les Hán de l'ouest, en l'année tân-vị (109 avant J.-C), 1re année du règne de l'Empereur Nguyên phong, nous disent les annales, notre royaume appartenait aux Hán qui y envoyèrent comme gouverneur général des neuf châu le né Thạch đái, remplacé à sa mort par Châu chương.

Vers la fin de la révolte de Veuong mãng, qui faillit enlever l'Empire à la maison des Hán en Chine, un seigneur de Giao, né Dang nhường, s'unit avec tous les autres seigneurs pour fermer le pays et le défendre contre toute invasion. Un grand mandarin militaire de la cour des Hán, qui était très-lié avec Nhường, lui écrivit pour lui vanter la vertu de ses maîtres; ce fut la cause de l'envoi d'un chef de Giao-chỉ avec plusieurs autres chefs des autres seigneuries, aux hommages de la cour impériale. Ce fait avait lieu l'an 29 après J.-C., année kỷ sửu.

Dương quang, qui était ce chef de Giao chỉ et qui était d'origine chinoise, se donna beaucoup de peine à son retour pour apprendre à ce peuple les rits et les cérémonies de la Chine. Nhậm dziên, de son côté, apprit aux gens de son district de Cửu chân l'art de la culture des terres et l'époque des semailles. Il s'appliqua à régulariser les mariages du peuple, de sorte qu'après sa mort on lui éleva un temple comme au fondateur des bonnes coutumes.

Le gouverneur chinois Tô-dinh est mis à mort. — Révolte de Trung-tràc. An 39 après J.-C.

L'an 39 après J.-C où l'an kỷ hợi du cycle, le gouverneur chinois de Giao-chỉ, né Tô-định, s'attira par ses cruautés et sa rapacité la haine d'une femme, connue sous le nom de Trưng trắc. Cette femme, fille de la famille Lạc de Phong châu et femme d'un fonctionnaire de Châu dziên, que venait de mettre à mort le gouverneur, rassembla une armée de concert avec sa sœur Nhì et vint attaquer le chef-lieu du commandement militaire. Tô định, abandonné des siens et de toute la population, s'enfuit à Canton disent les uns et fut décapité suivant les autres. Tous les états de Nam-hải, Cửu-chân, Nhật-nam et Hạp-phố se réunirent pour mettre leurs soixante-quinze villes fortifiées sous l'autorité de cette femme, qui se déclara reine et régna trois ans sous le titre de Trưng veuong.

Ce ne fut qu'en l'année tân sửu ou 41 après J.-C., que l'Empereur Quang võ put envoyer contre elle Mã viện, le fameux général de l'époque. Mã viện, au printemps de l'année 42, conduisait, en côtoyant la mer, une armée immense et avide de butin, qui abordait le fond du golfe du Tông-king. Cette armée fut obligée de s'ouvrir une route dans les montagnes jusqu'à l'endroit appelé Lạng bạc : c'est-à-dire jusqu'à plus de cent lieues du point de débarquement. Mã viện, en choisissant cette difficulté, avait sans doute en vue d'éviter de passer par les marécages chauds et humides des routes anciennement frayées par le quảng-si.

La reine se voyant alors trop faible, pour résister à un pareil déploiement de forces, se retira à Cấm khê où elle fut peu à peu abandonnée de tous ses partisans. Ce ne fut cependant que l'année suivante que Mã viện réussit à soumettre complétement le pays, et les annales chinoises nous disent que cette guerre dura huit ans, jusqu'à la bataille de Lâm hương qui acheva la destruction de l'armée des barbares.

Mã viện cantonna longtemps ses troupes dans le pays, où il eut soin de leur procurer de nombreuses alliances : de sorte qu'on peut comparer cette expédition à l'invasion du général Triêu au temps des Tần. Quoi qu'il en soit, Mã viện éleva comme trophée de sa victoire une colonne en bronze, qui se voyait sur les confins de l'empire des Hán ; il jura que quand cette colonne tomberait, c'en serait fait de la terre de Giao. Aussi les passants jettaient-ils des pierres à cet endroit pour la consolider : on y vit plus tard un énorme monceau. Au temps des Dàng, le général Mã-tông en éleva deux autres ; mais on ne sait plus où fut l'emplacement de ces colonnes, vu que les deux rivières qui le formaient se sont réunies et l'ont détruit. Mã viện forma dans l'ouest les deux huyện de Phong khê et de Vong h.i avec 33,000 hommes inscrits, puis il jetta les fondements de la ville de Kiên-giang. Après son retour en Chine, les populations élevèrent à la mémoire de Trưng trắc, leur reine, le temple de Trưng nữ vương qui se voyait au territoire de Phan-ngẫu, huyện de Phước lộc, commune de Hât-giang.

On trouve en *nota,* dans les annales de Quang vỏ, que Mã viện souffrait beaucoup des obstructions produites par l'effet du climat et que, pour se guérir, il mangeait en grande quantité l'y dzĩ, que nous connaissons sous le nom de *larmes de Job* (d'Inde) et que les Annamites appellent Bo-bo. Quand il retourna en Chine, il en chargea une grande quantité de charriots et comme il fut accusé de n'en avoir pas offert à l'Empereur, lors de sa mort arrivée sur ces entrefaites, sa femme n'osa pas lui donner les honneurs de la sépulture : telle fut la récompense de ce vaillant homme et la victoire de ses envieux.

Série des gouverneurs chinois — Le Roi lettré ou Sí vuong.

Depuis Mã viện, c'est-à-dire depuis l'an 44 après J.-C. jusqu'à l'extinction de la dynastie des Hán, vers l'an 221, nous n'avons plus qu'une série de gouverneurs chinois et de chefs indigènes relevant toujours de plus en plus directement de la Chine. Lý thiện, gouverneur de Nhật nam (ou Canton) se fit très-aimer des populations dont il changea beaucoup de coutumes bizarres. De Nhật nam il vint à Cửu chân comme gouverneur général. L'année 136, après J.-C., le gouverneur Xướng demanda de former le grand commandement de Giao avec autorité sur toutes les seigneuries quận et huyện du midi.

L'année suivante en đinh-sửu, les peuplades forestières du Nhạt nam et le Khu lan se révoltèrent, attaquèrent les seineuries quận et huyện et mirent à mort leurs chefs. Le gouverneur de Giao ordonna alors à plus de dix mille hommes des troupes de Giao et de Cửu chân de marcher; mais ils refusèrent vu la distance des routes, et le pays resta au pouvoir de la rébellion qui n'avait cependant personne de marquant pour la représenter. Le gouverneur Xướng parvint bien à réunir des forces considérables dans les différentes seigneuries, pour réduire Khu-lan, mais ce fut en vain; il assiégea ce pays pendant plus d'un an et les vivres étant venus à lui manquer, il fut obligé de se désister.

On s'inquiéta à la cour des Hán de cet état de choses et l'Empereur réunit sa cour pour prendre conseil. On voulait lever à Kinh dzeuong et à Côn dzeụ quarante mille hommes pour les envoyer à Xướng; mais Lý-cố, un des dignitaires de l'empire, s'y opposa en prétextant la difficulté de pénétrer dans ces pays et la rigueur du climat très-malsain, engendrant les plus terribles maladies. Il disait, en outre, que King dzeuong n'était qu'un pays de voleurs, que Trương sha et Quê dzeuong n'étaient pas susceptibles d'être soumis; que Côn-dzeụ était déjà à plus de mille lý et que de Côn dzeu à Nhạt nam il y avait plus de 900 lieues, c'est-à-dire trois cents jours de marche; que Cửu chân et Nhât nam étaient bien encore éloignés l'un de l'autre de mille lý, etc. On finit par envoyer le gouverneur de Cửu chân, né Lương, et le commandant particulier de Giao, nommé Kiều. Ces deux hommes par des manières d'agir cependant bien différentes : l'un par l'éclat de son autorité, l'autre par une grande bonté, réussirent à pacifier le pays.

Six ans après, Nhạt nam se souleva de nouveau et porta la dévastation et l'incendie dans les quận et huyện; mais le gouverneur de Cửu chân, le général Hà phương, put le faire rentrer dans le devoir. Quelque temps après, ce gouverneur fut envoyé à Quê dzeuong et remplacé par Lưu táo; mais en l'année 160 (canh tị) Cửu-chân et Nhạt nam s'étant soulevés ensemble, il fut obligé de revenir pour rétablir la paix dans le pays.

En mô-ngọ ou 178, ce fut le tour de Giao. Toute sa population se souleva avec les tribus des montagnes, pour chasser le commandant Châu-ngầu dont les exactions devenaient insupportables. Le tyran Lương lang s'empara du pays et le gouverna pendant quelque temps; mais aussitôt l'arrivée du général chinois, envoyé par les Hán avec 5,000 hommes, il fut mis à mort et livré par les siens. Toutefois Châu ngảu était maintenu par l'autorité chinoise et le pays n'avait pas obtenu raison; aussi en giáp-tí ou 184 après J.-C., on se saisit de cet homme avide et on le mit à mort. Cet homme avait surexcité au dernier point l'esprit des populations par son avidité incorrigible des pierres précieuses, des dépouilles de rhinocéros et d'éléphants, d'écailles de tortue, de gemmes et de toutes autres richesses et industries du pays. Après l'avoir exécuté, on envoya prévenir les Hán et s'excuser du fait accompli. L'Empereur envoya un homme de Liễu thành, nommé Giá tông, pour le remplacer. Ce nouveau gouverneur s'acquit la plus haute réputation dans l'administration du pays et fut remplacé par Lý tấn, qui était originaire de Giao même.

Nous arrivons à l'année đinh mạo ou 187, qui était la 20e de l'Empereur Linh đế, chiffre trung-bình. C'est cette année-là que nous voyons apparaître le roi lettré où Sĩ vương, qui vécut 90 ans dont il régna 40. Son nom était Nhiếp et sa famille s'appelait Nhàn oai : habitante de Quảng tín en Thương ngô, elle était originaire du royaume de Lỗ, patrie de Confucius. A la fin de la rébellion de Mãng, 195, 196 ans plus tôt, cette famille s'était réfugiée en Việt depuis déjà six générations. Le père de Nhiếp avait été gouverneur de Nhạt-nam, pendant que lui, encore enfant, étudiait à la cour des Hán. Après ses examens de Hiếu liêm, il fut fait grand mandarin puis se retira. Après la mort de son père, il se fit recevoir d'un degré supérieur encore (celui de mậu tài) et il fut nommé gouverneur général de Giao. Les populations s'attachèrent d'une manière extraordinaire à cet homme, dont la nature était généreuse et dont l'intelligence était brillante. Les lettrés ne l'appelaient que le Roi.

Nhiếp, gouverneur général de Giao, avait trois frères cadets dont l'aîné avait le commandement de Hạp phố, le deuxième celui de Cửu chân et le troisième celui de Nam hải. Cette famille jouissait donc d'une grande puissance, d'autant que Lý tấn, le commandant particulier de Giao, était lui-même indigène. Lý tấn, en l'année 200 (canh thìn), se plaignit à la cour des Hán que les délégués impériaux ne connaissaient pas le pays et il demanda qu'on nommât aux douze huyện les lettrés du pays. Cette demande fut écartée, parce qu'on craignit que l'éloignement ne nuisit à la droiture des intentions. Un militaire, nommé Lý cầm, qui était aussi originaire de Giao et officier dans les gardes de l'Empereur, profita dans ce même temps de la solennité de réception des ambassades de tous les royaumes tributaires et, se cachant derrière le trône avec cinq ou six de ses camarades, il se mit à sangloter et à pleurer.

Interrogé sur le sujet de sa peine, il dit que la faveur impériale n'était pas égale : que Nam-việt était une terre éloignée que ne couvrait plus le ciel, que le sol des félicités ne supportait plus, que les douces pluies n'arrosaient plus et pour laquelle les vents frais étaient inutiles. L'Empereur pour le consoler accorda un lettré du titre de Mậu tài pour Hạ dzeuong et un autre du titre de Hiếu liểm pour les Lục hợp ou six réunions. Pour lui, il fut élevé au grade de Hiệu ủy, ou ambassadeur, et son ami Trường trọng à celui de gouverneur de Kim thành ou ville impériale. Grâce á Lý cầm et à Lý tần, disent les annales, notre royaume ne fut pas au-dessous de l'Empire des Hán.

En đinh hợi ou l'an 207, un grand chef de ces pays, nommé Tuần quắc, reçut de grands éloges du ministre des Hán pour son administration habile de plus de vingt ans, pour son savoir profond dans les lettres et pour la dignité de son caractère qui s'était toujours maintenue à la plus grande hauteur. Il fut remplacé par Trường tần, homme adonné aux superstitions des génies, des deuils, de l'encens et des livres de nécromancie, qui fut mis à mort par Khu cảnh et remplacé, d'après les ordres d'un chef de brigands de Kinh châu né Lưu biểu, par Lại cúng.

L'Empereur de Chine, en apprenant ce fait, écrivit au Roi Nhiếp et lui envoya un cachet.—Il lui disait : « La préfecture de Giao est comme un précipice qui a pour ceinture les fleuves et la mer, la faveur d'en haut ne peut y atteindre et l'affection des peuples y est enfermée sans issue. Le rebelle Lưu biểu venant d'élire Lại cúng pour commander tout le midi, je vous donne le titre de gouverneur général des sept seigneuries avec celui de gouverneur de Giao comme par le passé. » Le Roi, pour reconnaître cette marque de bienveillance, envoya une ambassade et des présents à la cour impériale, malgré la difficulté des chemins partout infestés de brigands. Quelque temps après, le gouverneur de Thương ngô, nommé Ngô cự, ayant obligé Lại cúng à prendre la fuite et à se retirer à Lĩnh lang, le roi lettré se vit maître paisible de tout le pays, où on peut dire qu'il régnait déjà depuis 24 ans. C'est dans ce triomphe du savoir des lettrés de Nam-việt et de leur influence à la cour des derniers Hán, que se termine notre seconde époque.

Troisième époque.

TEMPS DES PETITES DYNASTIES QUI SE SONT DISPUTÉ L'EMPIRE CHINOIS POUR LE DONNER A LA FAMILLE DES DANG, DEPUIS LE PREMIER QUART DU IIIe SIÈCLE JUSQU'A LA FIN DU IXe, COMME CINQ AUTRES FAMILLES SE LE SONT ALORS DISPUTÉ PENDANT 53 ANS POUR LE TRANSMETTRE AUX TÔNG. (TSUNG).

Après la dynastie des Hán on arrive à trois périodes de ces temps-là, qui précèdent l'établissement des quatre dynasties annamites, Dinh, Lê, Lý, Tràn, qui commenceront notre histoire moderne. Ces trois périodes sont : 1° le temps dit des Tam quốc ou des trois royaumes Ngụy, Ngô, Thục, dont s'empara le tyran Tấn, de l'an 210 et 221 après J.-C. jusqu'à l'an 420, c'est-à-dire l'espace de 199 ans; 2° le temps des Tông, Tề, Lương, de l'an 420 à l'an 619, c'est-à-dire 199 ans; 3° le règne Tùy et Dàng, de l'an 619 à l'an 907, c'est-à-dire 288 ans.

Ces trois périodes comprennent l'espace de 686 ans; c'est l'époque d'une immense confusion dans l'empire Chinois et d'un immense travail social, soit dans l'empire lui-même, soit dans les peuples tributaires; c'est l'époque préparatoire des grandes invasions tartares dans l'Inde et la Chine et du refoulement ou déplacement de tous les autres peuples de l'Asie : elle coïncide avec l'invasion des barbares en Europe et les ravages du mahométisme dans l'Asie mineure, la Perse et probablement toute la presqu'île Malaise.

Le temps des Tam quốc ou des trois royaumes, avec ses grandes aventures dans le mélange de toutes les tribus du midi, à la suite d'un prétendant chinois ou d'un chef indigène en guerre avec son voisin; ce temps, dis-je, a laissé dans le souvenir de la nation une teinte de merveilleux fantastique qui excite l'hilarité et le sens caustique du pays, à peu près comme les histoires de *Don Quichotte* et de *Gargantua* chez nous. Dans toutes les familles un peu à l'aise, on trouve ou sur les murs ou sur des bandes de papier, des peintures qui représentent les scènes de ces temps héroïques, comme par exemple un cavalier qui se bat encore après avoir eu la tête coupée; un guerrier qui pourfend d'un seul coup de sabre un cavalier et son cheval à la fois, etc., et lorsqu'on veut parler de quelqu'anecdote incroyable, on dit que c'est comme au temps des Tam quôc.

Avénement de Ngô.—Soumission du Roi lettré, sa mort et son triomphe.

Ngô était celui des trois Empereurs rebelles à la maison Hán qui s'était emparé des gouvernements du midi, aussi le nom de Ngô a-t-il prévalu depuis cette époque pour désigner les Chinois. Au Tong-king, on dit encore un Ngô pour dire un Chinois et on dit Ben-ngô pour dire que c'est en Chine.

Dès l'année Ganh dzận ou 210, Ngô, connu sous le chiffre de Tôn quiền, avait nommé Bộ trạc gouverneur de Giao. A l'arrivée de Bộ trạc, le Roi lettré envoya ses frères faire sa soumission et Ngô lui ayant conservé ses titres et l'ayant nommé maréchal de gauche, il se crut obligé d'envoyer son fils Liễm en ôtage à sa cour, ce qui le fit encore décorer du titre de Võ xương thái thủ ou de commandant en chef gouverneur. Tous ses enfants reçurent celui de chef fidèle. C'était exploiter la vanité de ce grand lettré qui engagea une famille puissante de Ich châu, nommée Ung khải, à faire sa soumission et à entraîner toute la population dans le parti des Ngô. Pour ce fait il fut nommé Long biện hậu vương ou Roi des dragons. Depuis lors, les ambassades à la cour des Ngô étaient incessantes et, à chaque fois qu'elles avaient lieu, le Roi envoyait en présents des gommes, des tissus fins, des perles, des écailles, de l'ivoire, des cornes de rhinocéros, des gemmes, des fruits rares, des bananes, des cocos, des yeux de dragon et cent chevaux du pays : ce dont faisait grand cas l'Empereur, qui lui écrivait de sa main pour l'en remercier.

Ce Roi de fantaisie mourut en bính ngọ, année 226 après J.-C., 4e de Hậu đế, le dernier prince de la famille des Hán et 5e de Ngô. On rapporte qu'il y avait déjà trois jours qu'il était mort, quand les médecins réussirent à le faire revivre encore pour quatre jours. Sous les Tấn, 160 ans plus tard, les rebelles de Lâm-ấp ayant ouvert son tombeau, trouvèrent son corps encore frais comme s'il était vivant, de sorte que, saisis de crainte, ils le refermèrent aussitôt : les peuplades des montagnes en firent un génie et elles lui élevèrent un temple sous le titre de Thổ vương tiên. Un autre temple fut élevé en son honneur à l'ancienne citadelle de Long-biện.

L'année suivante (đinh vị — 227) l'Empereur Ngô trouvant Gaio-châu trop éloigné prit le nord de Hạp phô pour le réunir à Quảng châu (ou Canton) sous l'autorité du gouverneur Lữ-đài et le midi de Hạp phô pour le réunir à Giao-châu sous l'autorité du gouverneur Tái lương, : il établit le né Tràn thì gouverneur général sous le titre de Thái thù. Cela veut dire en somme qu'il centralisa à Hạp phô, ou résidait le gouverneur général, les deux gouvernements de Canton et de Giao.

Révolte et soumission des fils du Roi lettré. Ils sont mis à mort.

Quand Lương et Thì vinrent prendre leur commandement à Hạp phô, Huy, le fils du Roi lettré s'était déjà déclaré gouverneur général et il se disposait à recevoir à main armée les deux envoyés des Ngô. Un de ses employés, né Lân, ayant cherché à l'en dissuader, Huy lui trancha la tête; mais Trị, le fils du frère aîné de Lân, lui déclara à son tour la guerre et Huy fut obligé de s'enfermer dans la place. Après un siége de quelques mois sans résultat, Trị et Huy firent la paix.

Lư-đài arrivait à grandes journées et il apportait avec lui le décret impérial qui condamnait Huy à mort. Des émissaires furent envoyés d'abord pour persuader à Huy et à Khuông son frère de venir faire leur soumission avec promesse que tout en perdant leurs titres, ils n'avaient rien à craindre pour leur vie et leur liberté. Khuông rallia le premier, puis Huy et six de ses parents les plus proches vinrent, l'épaule nue, se soumettre. Lư đài alors, sans perdre de temps, établit un tribunal et fit comparaître un à un les différents coupables, puis ayant lu devant l'assistance le décret impérial et les griefs imputés à Huy, il les fit tous lier et décapiter. Leur tête fut envoyée à Vò xướng, lieu de la résidence impériale. Il n'y eut à échapper à cette exécution que Uy, frère du roi lettré, Khuông, frère de Huy et Liễm qui avait été précédemment envoyé en ôtage à la cour des Ngô. Uy, quelque temps après, fut aussi décapité et Khuông et Liễm ne tardèrent pas à mourir de maladie. Ainsi périt la race du Roi lettré. Deux capitaines dévoués à cette famille continuèrent bien encore la guerre contre le gouverneur Lữ đài; mais ils furent bientôt détruits et dispersés; Giao-châu et Quảng châu ne firent qu'un, comme par le passé et le gouverneur ayant passé à Cửu chân, il fit de nombreuses exécutions et soumit entièrement tout le pays.

En l'année 231 après J.-C. (tân hợi), les montagnards de Vò lang et de Ngũ khê se révoltèrent contre les Ngô. Ngô, considérant alors que les districts du midi étaient pacifiés, voulut rappeler Lữ-đài, mais le commandant de Hạp phô s'y opposa et fit alors à l'Empereur cette adresse (qui va nous servir de résumé de l'histoire Annamite) :

« Jadis l'empereur Tuần dans son exploration du midi, est mort à Thương ngô; Tần a fondé Quế lâm, Nam hải et Tượng quận; ces quatre royaumes font donc partie de l'Empire depuis de longs siècles. Triệu đà s'est élevé à Phan-ngẫu pour y rassembler les tribus de Bá việt et Châu nhai dans sa main et tout le midi. — Sous les Hán, l'Empereur Hiếu võ, après avoir mis à mort Lữ gia, a fait un commandement de Giao-chỉ et a ouvert les Cửu-quận (ou neuf seigneuries) à tous les gens de l'Empire tombés sous le coup de la loi pour qu'ils y fussent enseignés et pour qu'ils y apprissent les rits et les cérémonies. Quang à Giao-chỉ et Nhậm dziên à Cửu chân ont pu réussir à réformer les populations. Voilà donc qu'après 400 ans de peine et plus, ce pays est devenu quelque chose; mais le territoire est immense, le peuple y pullule et y vit enfoncé dans des montagnes et des forêts où il est facile de se révolter. Le gouverneur de Nhật-nam vient d'être chassé pour avoir mis à mort le régisseur du district; celui de Cửu chân, le nommé Mang, à cause de Châu kinh, son beau-père a invité tous les fonctionnaires à une fête. Le régisseur Phan hân s'est levé pour danser et a voulu forcer Kinh à danser avec lui; Mang s'est irrité et a tué Hân; le frère de Hân a déclaré la guerre à Mang; le Roi lettré est venu de Giao avec ses troupes et n'a pu le réduire : alors il a fallu s'adresser au commandant de Châu phù qui a envoyé Bảo et Ngàn ses affidés pour accabler le peuple de vexations et pour exiger de chaque queue de poisson une mesure de riz. Les populations n'ont pu supporter un pareil état de choses : elles se sont révoltées. Phù a pris la fuite vers la mer. Bộ trạc est venu pacifier le pays; mais ensuite Lữ đài a eu à réprimer la rébellion de Sĩ huy; il a pu changer les chefs du pays; il a vraiment régné avec l'éclat d'un Roi et sa puissance s'étendait à dix mille lý : tous, grands et petits lui ont obéi. C'est à ce grand homme qu'on doit la pacification de ces frontières. Le gouverneur de ces pays doit être choisi avec le plus grand soin : car le bien et le mal y sont dans une excessive confusion. Quoique Giao-chỉ soit paisible, il a cependant encore des brigands et les quatre commandements de Nam-hải, de Thương ngô, de Uất lâm et de Châu nhai, sont loin de ne plus rassembler des rebelles et des voleurs. Si Lư đài ne revient pas de nouveau dans le midi pour le gouverner, il faut choisir avec le plus grand soin un homme d'une intelligence et d'une finesse très-supérieures : ce n'est qu'à cette condition qu'on parviendra à le gouverner; car si on choisit parmi la masse des fonctionnaires un homme du commun, les méchants pulluleront de jour en jour. »

L'Empereur, à la réception de cette adresse, renvoya Dài dans le midi avec le titre de Trấn nam tướng quân, ou maréchal du midi.

Plus tard, en Mô thìn (248), Cửu chân se souleva et ravagea les villes et les communes des différentes seigneuries, qui furent alors très-agitées. L'Empereur Ngô envoya un de ses meilleurs officiers militaires, nommé Lục dzẩn, pour arrêter ce brigandage. Dzẩn fut reçu par les populations comme un libérateur et plus de 30,000 maisons, disent les annales, se joignirent à lui. Cependant une femme de Cửu chân, nommée Triều ẩu, continua à se mettre à la tête des rassemblements de brigands : il fallut la réduire à force armée.

Cette femme, dit la note, avait des mamelles de trois pieds de long qu'elle se liait derrière le dos. Montée sur la tête d'un éléphant et armée d'une lance elle combattait comme une furie. Une fille de sa sœur, ornée comme elle de ces longs pendants de poitrine, imitait sa tante et continuait le métier de brigand : elle garda le célibat et à sa mort elle fut adorée comme un génie.

L'Empereur Tân nomme Lû hưng maréchal d'Annam.

En Qúi vị, année 263, un gouverneur de Giao, né Tôn tứ, se fit détester des populations par son avidité, de sorte que l'Empereur fut obligé d'envoyer le nommé Dang tuẩn pour la surveiller; mais Tuẩn aussitôt son arrivée fit rechercher trente couples de paons pour les envoyer à la cour : cela suffit pour révolter les populations. Le nommé Lư hưng, leur chef, mit à mort Tử et Tuẩn, les deux délégués chinois, et après cet acte d'audace, il fit la soumission de tout le pays de Cửu chân et do Nhật nam aux Tấn qui s'emparaient alors du pouvoir des Tam quốc ou des trois tyrans Ngụy, Ngô et Thục. Dès l'année suivante, du reste, l'Empereur Ngô, auquel il ne restait plus que Quảng châu et une partie de Giao, fit sa soumission luimême aux Tấn. Lử hưng fut nommé maréchal commandant d'Annam (An-nam tướng quân đô đốc) et gouverneur militaire de Giao; un nommé Hoác dzeuk en fut établi gouverneur civil avec le pouvoir de nommer tous les autres fonctionnaires à son choix. Quelque temps après Hưng fut mis à mort par le régisseur Lý hạt avant qu'on eut pu lui porter aucun secours. Ainsi périt le premier gouverneur qui ait eu le mot d'An-nam dans ses titres. Mã dzuan prit sa place au nom des Tán et comme il mourut peu de temps après, Dzeuk, le gouverneur civil de Giao, le remplaça par Dzeuong tắc.

Le pays fut assez calme jusqu'à l'an 268 (année mô-tị); mais alors la famille des Ngô en Chine résistait de nouveau à celle des Tán, et pendant que celle-ci nommait des gouverneurs et des commandants dans le midi, elle en nomma d'autres : de sorte que la pauvre terre de Nam-việt, encore dévorée à l'envie, fut le théâtre des scènes les plus sanglantes jusqu'à la fin de ce siècle.

Ngô nomma Lưu tuán gouverneur de Giao et Tư tắc commandant de Hạp phồ; mais ces deux fonctionnaires trouvèrent peu d'appui dans les populations et l'agent des Tán, le gouverneur Dzeuong tắc, les réduisit dans leur place de guerre et les fit mettre à mort. Ngô fut alors obligé d'envoyer six corps de troupes des districts de Thương-ngô et de Kinh-châu pour attaquer Dzeuong tắc à Hạp phồ : mais ce fut en vain. Les généraux de ces six corps furent battus à la bataille de Phần thủy et ce ne fut que deux ans après, en l'année 271 (tân mẹo), qu'ils purent reprendre le dessus.

La famille Hoàng gouverne pendant quatre générations la terre de Giao, soit pour les Ngô soit pour les Tân.

Hoàng, l'un de ces généraux, avait perdu deux de ses lieutenants et comme il reçut pour cela, de son général en chef Tiét võ, des reproches très-amers, quelque temps après, encore vivement piqué de ces reproches, il prit avec lui quelques centaines d'hommes pour aller attaquer un lieutenant des Tân, nommé Dồng nguyên, qui se tenait peu sur ses gardes : il lui prit tout son campement, en chargea ses barques et revint triomphant auprès de Võ. Après ce coup de main, il se mit à côtoyer les rivages de la mer pour attaquer encore ce lieutenant des Tân, au centre même de son territoire, où il put le mettre à mort et s'emparer de tout le pays. Pour le butin, il le donna tout entier à un chef de bandes, nommé Lương tê, qui lui avait emmené tout-à-coup plus de 10,000 hommes de renfort.

Le gouverneur général des Tán remplaça Dồng nguyên par un nommé Veuong tó, qui était assisté d'un des capitaines les plus distingués du défunt commandant et qui s'appelait Giải hệ. Hoàng connaissant la défiance et la susceptibilité de Veuong tó usa d'un stratagème pour les brouiller ensemble.

Il envoya son frère Tượng avec le plus grand appareil de palanquins, de musique et de tambours, porter une lettre à Giải hệ. Le stratagème réussit; Tô fut persuadé que Hệ avait des intelligences avec l'ennemi et il le mit à mort. Hoàng fut alors bientôt maître de la citadelle et les autres fonctionnaires des Tấn furent battus et tués. Il n'y eût que le régisseur de Cửu chân qui put tenir encore quelque temps. Mais, en somme, tout le pays de Giao, de Võ tu, de Cửu chân et de Tân-xương, revenait aux Ngô avec la citadelle de Hạp phố. Hoàng venait ainsi de soumettre à son maître trois seigneuries qui, jointes aux neuf autres, formaient plus de trente huyện. Cet homme, disent les annales, était rusé, adroit et très-aimé des populations. Quelques temps après, ayant été rappelé en Chine, il fut remplacé par Tu-nguyên; mais les populations le redemandèrent comme gouverneur et il fut renvoyé à Hạp phố, chef-lieu de son commandement.

Quand Ngô eut fait sa soumission complète aux Tấn, il écrivit de sa main à Hoàng pour lui dire de se soumettre: Hoàng versa des larmes et renvoya ses insignes; mais les Tấn le maintinrent dans son gouvernement qu'il occupa trente ans. Quand il mourut, le peuple le pleura comme on pleure à la perte d'un parent; il fut remplacé par Ngô ngàn qui eut tout d'abord à lutter contre la révolte de Cửu chân et qui, après l'avoir apaisée, garda son commandement pendant vingt-cinq ans. L'Empereur Tấn le fit remplacer par le nommé Cồ bì qui était un homme d'une nature excellente. A sa mort, le peuple demanda son fils Tham pour gouverneur. Tham étant venu à mourir quelque temps après, Thọ, son frère cadet, voulut le remplacer : le peuple s'y opposa d'abord puis finit par lui accorder suivant ses désirs. Thọ usa de son autorité pour mettre à mort un grand dignitaire nommé Hồ triều, on ne sait pour quel motif. Comme il voulait aussi exécuter un nommé Lương ngạch, celui-ci leva une armée et se saisit de Thọ, qui s'empoisonna d'après les conseils de sa mère. Ngạch devint ainsi le maître du pays, mais comme il craignait de ne pas être assez fort des affections du peuple, il alla chercher à Thương ngô un fils de Hoàng qui s'appelait Oai pour le faire élire Tích sử ou gouverneur de Giao. Ce nouveau gouverneur administra pendant 30 ans le pays, et, à sa mort, le fils de son oncle, nommé Tuy, lui succéda. Ainsi, il y eût quatre générations de Tích sử depuis Hoàng qui en était la souche.

Guerre de Lâm ấp en qùi sửu, année 353 après J.-C.

En l'année qúi sửu (353 après J.-C.), nous voyons un prince

de la maison Tán, nommé Nguyên phu, gouverneur de Giao. Ce prince porta la guerre en Lâm âp et s'empara de plus de 50 villes. C'est la première fois que nous entendons parler de Lâm-âp et nous sommes à nous demander si ce n'était pas un peuple d'invasion indienne, comme le Laos ou comme Angkor, et si ce n'était pas le peuple Tsiampois que nous savons avoir occupé anciennement à peu près tout le littoral, depuis le cap St-Jacques jusqu'à Canton, sur lequel il a du reste laissé plus tard les belles tours que nous y voyons maintenant.

La note nous dit que Lâm-âp était du ressort de Nhật nam, borné à l'est par la mer et à l'ouest par Trảo-khuê; au midi, il joignait Chân-lạp ou le Cambodge, et au nord il communiquait à l'An-nam par Hoàn-chu ou Xứ nghệ; dans le sud on appelait ce pays Thabé et dans le nord O-ly.

Un autre note dit que quand Tân soumit Ngô à son empire, il rappela les troupes de Giao. Alors le Tích sử de Giao, nommé Dào hoàng, lui fit cette adresse : « Très-loin, en dehors de Giao, à plusieurs milliers de lý, se trouve Lâm-âp, dont le chef Phàm hùng passe sa vie à faire le brigandage et prend le titre de Roi. Ce peuple fait des incursions continuelles chez nous et, uni avec Phò nam (probablement Haï-nam), il forme une multitude immense qui se retire et se cache dans des lieux inaccessibles. Au temps des Ngô ces gens de Lâm âp ont fait leur soumission; mais ce n'a été qu'un moyen de plus de piller les populations et de mettre à mort leurs chefs. Envoyé chez eux pour les tenir en respect, j'y ai passé plus de dix ans; ils se sont toujours dérobés dans leurs antres et leurs repaires. J'avais avec moi huit mille hommes qui ont pour la plupart péri de misère et de maladie : il ne m'en reste plus que deux mille quatre cents et quelques. Maintenant que les quatre mers jouissent de la paix la plus parfaite, il faudrait penser à envoyer des renforts; mais comme je suis fonctionnaire d'un gouvernement déchu, ce que je dis n'aura aucune importance. »

L'Empereur Tân suivit ce conseil, d'autant que depuis l'an 318, les affaires du gouvernement de Giao étaient dans le plus triste état. Dào chúc qui en était le gouverneur de nomination impériale et non plus d'élection populaire, comme ceux dont nous avons parlé plus haut, avait peine à le contenir. Ngạch qui avait tué Thọ, le fils de Hoàng, continuait à se tenir en armes. En 322, on avait envoyé le général Lượng pour le réduire; Ngạch avait assiégé ce général dans la citadelle de Long-biên et Dào chúc fut obligé d'envoyer à son secours. Beúou, le lieutenant de Dào chúc, était parvenu à prendre et à décapiter Ngạch; mais le successeur de Dào chúc, nommé Phóng, voulait mettre à mort ce même Bưởu qui se révolta: Phóng avait pris la fuite et s'était noyé : de sorte qu'il n'y avait plus de gouverneur et que tout était dans la plus grande anarchie dans les différents commandements de Nam-việt, outre que les incursions de Lâm ấp devenaient de jour en jour plus inquiétantes.

L'Empereur Tấn crut donc l'état des choses assez grave pour envoyer à Giao un prince du sang de sa famille, pour rétablir la paix au dedans et pour porter la guerre au dehors. Ce prince, du nom de Nguyên phu, était sans doute accompagné de forces très-considérables et ses faits et gestes durent être nombreux; mais les annales sont muettes et elles se bornent à nous raconter sommairement qu'en qúi sưu (353), il soumit Lâm-ấp dont il détruisit plus de cinquante forts. Après cela, elles nous laissent, pendant 27 ans, supposer tout ce qui put se passer alors.

Suite des gouverneurs de Giao et des guerres de Lâm-âp.

L'année Canh-thìn ou 380, le commandant particulier de Cửu chân, nommé Lý tôn, s'étant révolté, l'année suivante, Dầu viện, gouverneur de Giao, lui fit trancher la tête et pacifià le pays. Ce gouverneur était indigène et originaire de Châu dziên, patrie de la reine Trưng trắc.

En kỷ hợi, ou 399 après J.-C., Dầu viện gouvernait encore le pays et il eut à s'opposer aux ravages du Roi de Lâm-ấp, du nom de Phàm-hồ-đạt, qui avait envahi le Nhạt nam (Canton), Cưu chân et Giao. Il le battit et le chassa de tous ces districts.

A la mort de Dầu viện, en tân hợi (411), l'Empereur Tấn avait nommé Huệ độ, le fils de cet homme illustre, pour lui succéder; mais l'édit impérial n'était pas encore arrivé, qu'un certain Lư-tuần, commandant de Vinh-gia, s'était emparé de la citadelle d'Hạp phô et envahissait le territoire de Giao. Huệ đồ marcha contre lui et le battit à Thạch kỳ. Cet aventurier, qui avait encore avec lui environ deux mille hommes auxquels se joignirent plus de cinq mille hommes des anciennes bandes de Lý-tôn, se mit à l'abri de la place de Long-biên et se ménagea la route de la mer. Huệ độ, dans cette conjoncture, résolu à faire un effort suprême, distribua tous ses biens à ses gens et, arrivant à grandes journées sur son ennemi, il le cerna et lui brûla toutes ses barques et tous ses campements (*). Tuấn fut taillé en pièces. Cet homme, désespéré, assassina alors sa femme et ses enfants; puis il dit à sa concubine : « Qui veut me suivre? » La fille répondit : « Les passeraux et les rats aiment à vivre : mourir n'est pas attrayant; mais si mon seigneur doit mourir, comment désirerais-je encore vivre? » Tuấn, après avoir mis à mort tous les siens, se précipita dans l'eau et se noya. On saisit ensuite son cadavre pour en couper la tête, que Huệ độ envoya à la cour impériale avec celle de ses femmes, de ses enfants et de Thoắc, un des grands chefs de l'invasion.

Deux ans après, en qúi sửu (413), Huệ độ, ce même gouverneur, tranchait la tête à Phàn-hồ-đạt, roi de Lâm-ấp, qui faisait des incursions dans le territoire de Cửu chân. En 415, un nouveau roi de Lâm-ấp, pour venger son prédécesseur, envahissait le territoire de Giao : il fut repoussé par les populations elles-mêmes. Enfin en 420 (canh thân), Huệ độ fit un grand massacre de Lâm-ấp : il en tua plus de la moitié. Ce peuple de brigands ayant alors demandé à se soumettre, Huệ đồ le lui accorda à condition qu'il restituerait tout ce qu'il avait pillé. Il lui fallut plus de dix ans pour se remettre de cette défaite.

Huệ độ, gouverneur de Giao, était un homme d'une grande sobriété, d'une profonde sagesse, d'une grande force de caractère et d'une grande bravoure; il ne portait que des vêtements de coton et il ne se nourrissait que de légumes. Il prohiba les temples qui n'étaient qu'une simple superstition, et il s'appliqua à réformer les études. Dans les années de disette, il donnait ses biens pour soulager les misères du peuple, qu'il gouvernait absolument comme un père de famille gouverne sa maison; grands et petits le craignaient et l'aimaient en même temps. La porte de la ville, durant son gouvernement, était ouverte pendant la nuit, et, sur les chemins, personne ne prenait ce qui y avait été laissé. Il fut honoré par l'Empereur du titre de maréchal de gauche et son fils, Hoàng văn, fut nommé pour lui succéder.

Huệ độ et Dầu viện, son père, avaient suivi l'Empereur Tấn : ce fut l'Empereur Tống qui nomma Hoàng văn à la succession du gouvernement de Giao. Cette nouvelle maison des Tống craignit sans doute que la succession d'une même famille dans un gouvernement éloigné et difficile ne rétablit une royauté; aussi, dès l'an 422, année Nhậm tuất, Hoàng văn fut nommé

(*) Par le moyen de certains oiseaux à la queue desquels on attachait des brandons.

à une grande dignité du palais et rappelé en Chine. Il fut remplacé par Veuong-huy-chi, dont nous ne connaissons pas l'histoire.

En 431, année tân vị, le roi de Lâm ấp, du nom de Phàm-dzeuong-mai, avait repris haleine et il se jettait avec ses bandes de brigands sur le Cửu chân : il fut repoussé; et cependant il avait l'audace l'année suivante d'envoyer une ambassade à la cour des Tống pour demander la préfecture de Giao. L'Empereur, vu l'éloignement, la lui refusa. Il est à croire que ce roi de brigands avait aidé la maison des Tống dans ses guerres contre la maison Tấn : c'est la seule manière d'expliquer ce fait.

Continuation de la guerre de Lâm-ấp sous les Tống (436 après J.-C.).

Quoi qu'il en soit, la cour des Tống fut obligée quatre ans après (bính tị, 436), d'ordonner au gouverneur de Giao, du nom de Hoà chi, de châtier Lâm ấp, vu que, quoique Dzeuong mại eut été aux hommages, il n'en continuait pas moins cependant ses brigandages. — Il y avait alors dans le pays un homme appartenant à une maison puissante et faisant profession de l'étude des lettres, qui s'appelait Tông-ý. Cet homme avait la passion de la guerre et il répétait partout : qu'il ne voulait qu'une chose : c'était de suivre les vents partout où ils soufflent et d'aller détruire à cent mille lý ou flots de la mer. Dans ces dispositions, Y se mit donc à la suite de Hoà-chi pour faire la guerre à Lâm-ấp. On lui donna le titre de maréchal et on lui confia le commandement de l'avant-garde.

Le roi de Lâm-ấp, effrayé de voir cette armée envahir ses états, envoya une ambassade pour offrir de rendre tout ce qu'il avait pris à Nhật-nam : soit dix milles livres d'or pur et cent mille d'argent. L'Empereur ordonna à Hoà-chi d'accepter, si Dzeuong mại était vraiment sincère, de sorte que Hoà-chi, campé à Châu-ngô, envoya un de ses officiers, nommé Trưng cơ, vers le Roi; mais cet envoyé ne revint plus. Hoà chi résolut alors de ne plus faire de quartier à ce félon et il assiégea immédiatement la citadelle de Khu lật où commandait Phù long, le principal chef de Lâm ấp; ce fut en vain que le Roi envoya pour le secourir Phàm-côn-sha-đạt. Y, notre lettré de Nam-dzeuong, coupa la route à ce nouveau chef et le détruisit. Hoà chi entra dans la place assiégée dès le 5e mois; trancha la tête à Phù long et, profitant de sa victoire, il transporta son armée jusqu'à la rive des éléphants. Dzeuong mại leva alors le ban et l'arrière-ban de son royaume pour résister à l'ennemi, et il eût soin de masquer ses éléphants, de manière à ce qu'ils ne fussent pas aperçus. Y dit à cette occasion : « J'ai entendu dire que dans les pays étrangers, il y a des lions et que cet animal est tel, que tous les autres le vénèrent et le craignent. Opposons son image aux éléphants. » Et, en effet, les éléphants furent effrayés et prirent la fuite; l'armée du Roi de Lâm âp fut taillée en pièces; ce prince n'eut que le temps de fuir avec sa famille; le butin fut immense. Y, dit la chronique, n'en prit rien et, de retour chez lui, il se vantait de la propreté de ses vêtements. On ne parle pas de Hoà chi, le gouverneur chinois, qui ne manqua pas sans doute de satisfaire les besoins du luxe de sa civilisation. Du reste, ce ne fut que 5 ou 6 ans après qu'il quitta son commandement pour retourner en Chine (année nhậm ngọ, 442) (*).

Les annales passent 26 ans et nous font arriver tout d'un coup à l'an 468, année mô-thân. Le gouverneur de Giao, du nom de Lưu mục, venait de mourir de maladie : un aventurier, nommé Lý trường nhơn, envahit le pays avec une bande de brigands, mît à mort le principal chef de Giao et se déclara gouverneur. Ce ne fut qu'à l'automne de cette année, que l'Empereur Tống envoya pour vrai gouverneur le général Lưu bột; mais ce général n'eût que le temps de se mettre en marche contre l'usurpateur Trường nhân et il mourut. Trường nhân profita de la circonstance pour faire sa soumission et il reçut quelque temps après le décret impérial, qui le confirmait dans son usurpation. Le règne des Tống, en Chine, finissait en effet : la maison des Tề s'élevait sur ses débris. Les Tề ne changèrent rien au gouvernement de Giao et en 479, année kỷ vị, ils nommèrent Lý thúc hiền, parent de Trường nhân, pour lui succéder. Cependant les derniers Tống avaient aussi nommé pour gouverneur le nommé Hoán, en même temps qu'ils donnaient un grand titre à Thúc hiền, comme dédommagement. Thúc hiền fit la guerre à Hoán, son nouveau rival, qui n'osa sortir du territoire de Nhạt-nâm et qui mourut quelque temps après; Thúc hiền se trouva seul maître du pays. Quelques années plus tard, en 485, année ât-sửu, l'Empereur Tề fut obligé d'envoyer contre lui les troupes de Nam-kang, de Lư lang et de Thủy hưng, pour le châtier de son arrogance. Thúc hiền pour se tirer de ce mauvais pas, envoya une ambassade offrir à l'Empereur vingt paires de cas-

(1) Nous remarquons dans ces noms de chefs de Lâm-âp des noms qui ne sont ni annamites, ni chinois, comme ceux de Phàn-côn-sha-dât, etc.

ques d'argent fin et des ornements de plume de paon : mais l'Empereur se montra insensible. Hiên, craignant d'être pris et livré, se rendit lui-même à la cour et céda ainsi la place à Liệt giai, commandant des troupes, envoyé contre lui.

En 490, année canh-ngọ, Phòng pháp thừa était gouverneur de Giao; mais il ne s'occupait que de l'étude des livres, d'autant qu'il était atteint d'infirmité : de sorte qu'un de ses fonctionnaires, nommé Phục đăng faisait tout à sa guise et changeait les autres fonctionnaires sans que Pháp thừa en sût jamais rien. Enfin, il fut accusé par un nommé Phóng tú : Pháp thừa, entrant alors dans une grande colère, le fit lier et mettre en prison. Dix jours après, Phục đăng avait réussi à gagner, à force de présents, le beau-frère du gouverneur; il sortit donc de prison et à son tour il arrêta le gouverneur et le mit en prison, en lui disant : « Votre Seigneurie est infirme et malade, elle ne doit pas se fatiguer et se créer d'inquiétudes. Cette prison, voilà la maison où elle peut vivre à part et tranquille. » Pháp thừa demanda alors à Đăng de pouvoir au moins se servir de ses livres; mais Đăng lui répondit : « Votre Seigneurie vivant ainsi retirée, il est à craindre que la maladie ne prenne des accroissements, à quoi bon vos livres? » Puis il fit rapport à la cour qu'une maladie de corps et d'esprit empêchait Pháp thừa de remplir ses fonctions. L'Empereur Tề rappela Pháp thừa, qui mourut quelque temps après à Ngũ linh et il nomma Phục đang gouverneur : ce qui prouve que « la raison du plus fort est toujours la meilleure. » Ce fait prouve aussi la grande faiblesse de la cour Impériale, et en effet, la maison des Lương l'emportait à cette époque sur la maison des Tề.

En ất dzậu, 505, le gouverneur de Giao, du nom de Lý khải, révoltait le pays contre la Chine : il fut tué par un chef, nommé Lý lược, qui envoya sa tête et celle de tous ses affidés à la cour des Lương. Ce ne fut cependant qu'en l'année 516 (bính thân) c'est-à-dire 14 ans après, que Lý lược fut nommé gouverneur.

1re maison Ly, sous l'empire des Luong, en 541 après J.-C., année Tân dzâu.

Dans toute cette suite de gouverneurs de Giao que nous venons de voir, il est évident que le pays était dans le plus triste état et que cela tenait surtout au changement fréquent des dynasties en Chine et à l'envoi simultané d'agents de différents partis. Nous arrivons à une époque de plus grands désordres encore, qui dura 64 ans, de l'an 541 à l'an 605 : c'est celle de deux indigènes qui se déclarèrent empereur et roi du pays, Lý et Triều việt.

L'an 541, année tân dzậu, le gouverneur chinois de Giao, du nom de Tiêu-teu, avait, par son avidité et ses cruautés, porté à son comble l'irritation des populations : il eût affaire à Lý-phí qui le chassa du pays et l'envoya mourir à Canton (quảng châu).

Lý était d'une famille très-puissante du pays ; son petit nom était Phí, et quoiqu'il fut d'une intelligence et d'une habileté très-supérieure à tout le monde, il n'ambitionnait pas d'être fonctionnaire. Sa famille d'abord, originaire de Thái bình en Chine, était venue s'établir dans le pays vers la fin du règne des Hán de l'ouest : de sorte qu'elle avait déjà sept générations de naturalisation dans le midi et elle y jouissait de l'illustration des lettres et de la guerre. Lý-phí revenait de la cour des Lương, où il avait été présenter ses hommages et où il avait été visiter les tombeaux de ses ancêtres, quand il fut témoin des exactions du gouverneur de Giao, des pillages des gens de Lâm ấp et de la profonde irritation du peuple sur tous les points du territoire. Un nommé Tịnh thiệu, très-habile lettré et très-habile musicien de l'époque, revenait aussi de Chine au même moment. Très-irrité contre le ministre de l'Empereur, qui au lieu de lui donner un emploi important, l'avait attaché comme écrivain aux bureaux de la préfecture de Quảng-dzeuong, vu le peu d'illustration de sa famille, il avait juré de se venger de cet affront et il mettait tout en œuvre pour lever une armée et soulever le pays.

Lý-phí était alors à Cửu-dức, dont il avait déjà réuni les principales maisons ; Tinh thiệu se joignit à lui, ainsi que le chef de Châu dziên, nommé Triều-túc. Le gouverneur de Giao, voyant l'orage prêt à éclater sur sa tête, essaya d'abord de gagner Lý phí par des présents ; puis, voyant que tout était perdu pour lui, il s'enfuit et laissa à son compétiteur la ville de Long-biên, alors chef-lieu du gouvernement. Ce fut alors que Lý-phí, qui n'avait rapporté de Chine qu'un profond mépris de la cour impériale, se déclara nam-đế ou Empereur du midi, avec le chiffre de Vạn xuân.

L'année suivante, l'Empereur Lương envoyait deux de ses généraux contre lui. Ces deux généraux, vu l'air malsain du printemps, voulaient attendre l'automne. Le gouverneur de Quảng-châu les pressa de partir aussitôt ; mais arrivés à Hạp phô et ayant perdu seize à dix-sept hommes des maladies du climat, ils s'en revinrent. Accusés auprès de l'Empereur de ce retard, on leur envoya l'ordre de se donner la mort : ils s'appelaient Tôn-quính et Tử-hùng.

Le roi de Lâm-ấp profita de cet état de choses pour envahir le Nhăt nam et le ravager. Le Roi Lý envoya contre lui Phàm tu qui le défit à Cửu đức, au printemps de l'année quí hợi ou 543. Il paraîtrait que ce ne fut que l'année suivante, année giáp-tí, 544, que Lý se déclara Nam-việt-đế ou Empereur de Nam-việt. Cette année-là, il forma sa cour, fonda un palais pour la réunion de ses conseils, nomma Triều túc son lieutenant général ou Thái phó, Tịnh thiệu et Phàm tu ses deux maréchaux.

Le général Bà tiên envahit le midi au nom de l'Empereur de Chine, At-sûu, 545 après J.-C.

L'Empereur, cependant, ne pouvait pas souffrir que l'empire du midi lui échappât ainsi des mains et qu'un sujet révolté prit pour lui le fruit de tant de peines et de travaux. En 545, année ât sửu, il ordonna à Dzeuong biêu, qu'il venait de nommer gouverneur de Giao et à Tràn bá tiên, général de cavalerie des plus célèbres, d'attaquer le roi Lý et de le détruire. Des ordres furent envoyés aussi au gouverneur de Dinh châu, nommé Tiêu bộ, de se réunir à Dzeuong biêu dans les parages de Giang-tây ou fleuve de l'ouest. Ce dernier redoutait l'éloignement et il conseilla à Biêu d'attendre les évènements et de se tenir tranquille. Biêu était indécis quand Bá tiên prit la parole et dit : Giao est depuis longtemps en révolte, c'est par la faute de nos princes dont les dissensions ont soulevé tous les Châu; nous ne pouvons rester ici; le temps presse, il faut marcher. Aussitôt après avoir prononcé ces paroles, il se mit en avant et toutes les troupes le suivirent. Le Roi Lý avait alors autour de lui trente mille hommes; mais il fut battu à Chân dziên et à Tô lịch à l'embouchure du fleuve; il fut obligé de se réfugier dans la place de Gia-ninh où il fut bloqué.

L'année suivante, Bính dzậu, 546, Bá-tiên était maître de cette place dès le 1er mois et le Roi Lý était obligé de s'enfuir vers les montagnes chez les gens de Liễu-trung, qui étaient de la prétecture de Tân xương, où il put réunir vers l'automne une nouvelle armée d'environ vingt-mille hommes qu'il mit à l'abri du fort de Triệt hồ qu'il fit construire alors. Il accumula à cet endroit une grande quantité de barques, avec lesquelles il pensait sans doute attaquer son ennemi et le détruire en détail. Mais il avait affaire à un général qui n'était pas ordinaire. L'armée impériale craignait les barrages de la rivière et n'osait avancer; les autres généraux chinois voulaient prendre leur temps et ne pas se presser, Bá tiên leur dit : « Nous nous faisons vieux ici; nos troupes sont fatiguées et nous n'avons aucun secours à attendre d'ailleurs. Si nous perdons une bataille comment pourrons-nous espérer de vivre encore? Ces gens vaincus à plusieurs reprises, n'ont pas eu le temps de se raffermir; ils se rassemblent comme des nuées d'oiseaux qu'il est facile de disperser. Exposons cent morts et faisons un vaillant effort pour les détruire; il n'y aucune raison de s'arrêter ici et le temps passe. » Les chefs se taisaient et ne répondaient pas; mais pendant la nuit, l'eau ayant monté par extraordinaire de sept pieds et la rivière se trouvant ainsi débordée partout, Bá tiên profita de cet évènement pour la remonter au son des tambours et de la musique. Le Roi, pris à l'improviste, fut taillé en pièces et obligé de se retirer à Liễu đông où il essaya de reformer son armée; mais, atteint de la maladie dont il mourut, il laissa le commandement de l'insurrection à Triều-quang-phục, qui était fils de Triều túc, le lieutenant-général, qui venait d'être nommé maréchal de gauche (année mô thìn, 548.)

Triều phục livra plusieurs combats à Bá tiên; mais ils furent sans résultat de part et d'autre. L'armée de Bá tiên était immense et aguerrie. Triều phục vit qu'il n'y avait pour lui qu'à gagner du temps. Il put pour cela se retirer dans un endroit très-marécageux et très-couvert qui s'appelait Dzạ trạch et qui était du territoire de Châu-dziên. Cet endroit était d'une grande étendue et couvert partout de très-hautes herbes : au milieu se trouvait un tertre très-habitable entouré d'eau et de vase des quatre côtés, où il était impossible à la cavalerie d'atteindre. Dans tout ce marais, on ne pouvait aller qu'avec de petites barques que l'on poussait sur l'herbe et celui qui s'y engageait sans le connaître, s'égarait et ne tardait pas à être la victime des serpents et des animaux malfaisants dont il était rempli. Triều phục s'y établit avec vingt-mille hommes qui dormaient pendant le jour, sans qu'il y eût apparence de fumée et de trace d'habitation, et qui la nuit, au moyen de petites barques, faisaient des sorties sur l'ennemi. Les troupes de Bá tiên perdaient journellement beaucoup de monde et Triều phục trouvait ainsi des provisions suffisantes pour continuer la guerre. Bá tiên ne pouvant venir à bout de cet ennemi de marais, le peuple. dans sa méchanceté ordinaire, l'avait surnommé Dzã trạch veuong ou Roi de Dzã trạch, cet endroit impossible à franchir.

Roi Triêu-viêt. Année Cành-ngo; 550 après J.-C. — Rois de Dào-lang.

Cependant Triêu phục, cerné de tous côtés par une armée immense qui ne lui permettait pas de sortir de son réduit, souffrait beaucoup et il s'inquiétait de jour en jour davantage de sa position désespérée. Alors, nous disent les Annales, brûlant de l'encens, il fit des prières et des vœux aux esprits puissants du ciel et de la terre; un dragon descendit du ciel et lui remit un de ses ongles, dont il se fit un ornement de casque : avec ce talisman, il battit ses ennemis qui, saisis de frayeur, se retirèrent. Le fait est, qu'en l'année cánh-ngo, 550, l'Empereur Lương récompensa Bá-tiên du titre de maréchal illustre, gouverneur de Giao, protecteur du fleuve d'occident et des sept rois (lesquels? on ne le dit pas.) Bá tiên voulait donc encore tenir la campagne malgré l'épuisement de ses troupes; mais l'Empereur eut absolument besoin de le rappeler près de lui pour les affaires de l'Empire, alors plus confuses que jamais. Bá tien fut remplacé par Dzeuong shàn dont Triêu phục eut bon marché. Dès le premier combat, ce général fut tué; et ainsi Triêu phục, vainqueur, se trouva maître de tout le pays. Il s'établit à Long-biên et on ne le connut plus que sous le nom de Triêu việt veuong ou de Roi Triêu việt. Il succédait ainsi au Roi Lý. Mais après la mort de ce roi à Liêu đông, son frère aîné, nommé Lý thiên bửu, avait, de concert avec un chef de sa famille nommé Lý phạt tử, levé trente mille hommes pour faire diversion à l'armée de Bá tiên, en se jettant sur les territoires de Cửu-chân (qui sont l'entrée de Canton et du Quang-si par le fond du golfe). Battu par ce grand général, il avait été obligé de se retirer encore avec une dizaine de mille hommes, dans les montagnes de Ai-lao, sur les confins de Liêu đông, un peu au-dessus de Huê actuel. Là il bâtit une ville sur le fleuve Dào, à l'endroit dit Dzâ nang, et il se déclara Roi de Dào-lang. Triêu việt eut donc un rival : et la terre d'Annam, s'étendant alors jusqu'à Hué, se trouva partagée entre deux rois du pays.

Le roi de Dào-lang mourut à Dzâ nang, l'an 555 après J.-C., année ât kỳ. Comme il ne laissait pas de postérité, Lý-phạt-tử son parent lui succéda naturellement. Ce nouveau Roi des montagnards voulut faire la guerre à Triêu việt et livra jusqu'à cinq combats, dont il ne put tirer aucun avantage; mais son armée étant peu nombreuse et craignant que Triêu-việt n'eut des moyens mystérieux pour la combattre, il demanda à faire la paix. Triều việt considérant que Lý phật tử était de la famille du feu roi Lý dont il avait été un des plus fidèles serviteurs, se montra généreux : il lui fixa la limite de Quân thần châu en lui donnant toute la partie de l'ouest du royaume avec la ville de O dziên pour capitale. Il se réservait pour lui tout l'est et le midi : c'est-à-dire tout le Tông-king actuel, Giao, Cửu châu, Hoàn chu et une partie de Nhật-nam ou ancien Canton.

Pendant quinze ans la paix se maintint entre les deux rois. Elle fut cimentée sans doute par le mariage du fils de Phật tử du nom de Nha-lang avec la fille de Triều-việt appelée Hao-nang. Triều aimait éperdûment sa fille, de sorte que ne pouvant consentir à la voir s'éloigner, il exigea que son gendre habitat avec lui. Ce fut plus tard la cause de sa perte, nous disent les annales : Pourquoi? Parce que Nha lang déroba à son beau-père le talisman de l'ongle de dragon. C'est un souvenir sans doute du roi Yên-dzeuong et de l'arc à ongle de tortue. Le fait est qu'en l'année Tân-mẹo ou 571, Phật tử oubliant ses engagements, leva une armée pour faire la guerre à Triều việt. Ce roi infortuné, si vaillant contre Bá tiên le plus fameux général de l'époque, ne crut plus avoir d'autre ressource que celle d'aller se cacher dans quelque lieu retiré et inconnu. Il monta à cheval, prit sa fille derrière lui comme le roi Yên-dzeuong des temps anciens, et, arrivé à l'embouchure de Nha-hải, il se précipita dans la mer et se noya. Après sa mort, on lui éleva un temple à cet endroit que l'on voit encore au huyện de Dại-an.

Lý phật tử se trouva donc le seul maître des deux royaumes. Comme il était déjà d'un certain âge, il choisit son fils aîné pour lui succéder à Long-biên et il donna le commandement de O-dziên ou de toute la partie des montagnes à un autre chef de sa famille nommé Lý-phồ-đảnh. Tout cela se passait durant les troubles de la succession des Trần aux Lương et des Tùy aux Trần en Chine.

Le général Luou phuong envahit Giao et Lâm-âp au nom des Tùy. Année nhàm-thuât, 602 après J.-C.

En 602, année nhậm tuất, l'Empereur Tùy nomma gouverneur de Giao et de vingt-sept campements militaires, qu'il y formait sans doute à cette époque pour dégager l'Empire d'une armée toujours menaçante et pour reconquérir le midi, qui déjà depuis une vingtaine d'années paraissait s'émanciper, le général Lưou phương. Cet homme était d'une grande sévérité et il ne pardonnait à aucun coupable. Tout criminel était sûr d'être exécuté sur-le-champ, et, cependant, sa nature était compatissante : car, quand il voyait un malade, il le soignait lui-même. Aussi tout le monde admirait sa vertu et craignait sa fermeté. Lưou phương s'étant mis en marche vers le midi, rencontra l'armée des rebelles à la hauteur de la montagne de Dô-lang. Elle fut complétement détruite, et l'armée impériale vint camper devant le palais même du Roi que Lưou phương fit comparaître à sa barre pour l'envoyer à la cour du nord, où il mourut bientôt après. Ainsi fut puni de sa mauvaise foi à l'égard du roi Triều le roi Phạt-tử, auquel les populations élevèrent un tombeau à Nha hải vis-à-vis de celui du roi Triều. Lưou phương fit trancher la tête à tous les chefs qui avaient servi le roi Lý et le roi Triều, et après avoir établi des autorités pour gouverner le pays, il s'en retourna en Chine.

L'année ất-sửu, 605, ce général terrible fut obligé de revenir dans le midi pour y rétablir la paix et pour dompter le Lâm ấp, qui excitait du reste à un haut degré l'avidité de l'entourage des Tùy, vu ses immenses richesses. L'Empereur ajouta donc à ses titres précédents ceux de commandant en chef des routes de Hoàn chu (le xứ nghệ actuel) et de Kinh-lược ou visiteur impérial de Lâm-ấp.

Lưou-phương rassembla plus de dix mille hommes de troupe et de chevaux et il se dirigea par terre sur Việt-thường, nom générique alors de tout le midi du Tong-king, pendant que son parent Trương-tử prenait des navires pour aller à Bắc-cảnh rivage de Nhật-nam (ou du golfe du Tong-king). Le roi de Lâm-ấp qui s'appelait Phan-chí vint à sa rencontre avec de nombreux éléphants : il eût d'abord l'avantage; mais Lưou phương fit creuser des fosses qu'il recouvrit de claies, puis s'étant avancé pour combattre, il feignit une fuite précipitée. Les éléphants effarouchés et reculant à l'approche des fosses, le plus grand désordre alors eut lieu et l'armée de Phan-chí fut complétement massacrée et dispersée. Lưou-phương en poursuivit les débris jusqu'au delà de la colonne de bronze de Mã-viện, et en huit jours il arriva à la capitale que Phan-chi abandonna en laissant entre les mains de son vainqueur dix huit statues en or massif représentant les dix huit rois de son pays, ses prédécesseurs. Lưou-phương fit une inscription sur la pierre en mémoire de sa victoire et il s'en retourna en Chine. Ses soldats, ajoute le texte, eurent à souffrir de l'enflure de leurs pieds et plusieurs moururent en route de cette maladie; Lưu phương lui-même en fut atteint et mourut avant d'arriver.

Giao érigé par la maison Dàng en protectorat de tout le midi, sous le vocable de An-nam-dô-Hô-phù. Année Nhâm ngo, 622 après J.-C.

L'année mô dzận, 618 après J.-C., le premier prince de la maison des Dàng commença à régner en Chine à la place des Tùy. Ceux-ci venaient d'envoyer dans le midi le général Hoà lich ou Kheo hoà, préfet de Giao, soumettre Haï-nam alors révolté. Quand Tùy perdit l'empire, ce général n'en fut pas informé officiellement, de sorte qu'il résista à toutes les suggestions qui lui furent faites alors et il s'obstina à ne pas reconnaître la nouvelle maison qui occupait le trône impérial. Deux princes de cette famille, Tiêu tiên et Lâm sĩ hoàng, s'étaient cependant rendus maîtres des territoires de Uất-lâm, de Thủy-an, Thương ngô, de Cao-yêu, de Châu-nhai et de Phan ngẩu. Ils voulurent faire venir Hoà lịch pour le persuader d'accepter le nouvel état de choses; mais Hoà lịch refusa de se rendre à leurs invitations. Alors ces princes donnèrent ordre à Trương-chân, un des meilleurs capitaines de Lưu phương, de marcher contre lui à la tête de tous les mân ou barbares de la côte du golfe. Hoà lịch réduit aux troupes de Giao, voulait rendre les armes quand un de ses assistants, nommé Sĩ liễm, l'en dissuada et le détermina à accepter le combat. Trường chân fut battu par terre et par mer et il n'eût que le temps de s'enfuir et d'échapper ainsi au massacre de son armée. Hoà-lịch fit graver sur la pierre la mémoire de cette victoire, et, pour veiller à sa sûreté, il fit construire, dans l'intérieur de la citadelle de Long-biên, une double citadelle qui avait neuf cents pas de tour, puis il repassa le fleuve pour aller rendre ses hommages à la cour des Tùy. Ce fut seulement sur la limite de l'Empire, aux portes dites Giáp-ải, qu'il apprit, à n'en plus pouvoir douter, que les Tùy avaient cessé de régner. L'Empereur des Dàng lui envoyait une ambassade pour lui conférer les titres de commandant en chef de Giao et de mandarin de mérite. Il rendit cette ambassade en envoyant Sĩ liễm à la cour des Dàng présenter ses hommages. Cet envoyé y fut reçu avec un grand appareil militaire par les troupes impériales qui allèrent à sa rencontre.

Hoà lịch, disent les annales, s'était acquis sous le règne des Tùy et dans ses visites des peuplades du midi, la plus haute réputation et la plus grande influence. Tous les royaumes de Lâm-âp lui avaient envoyé d'enthousiasme une telle quantité de présents en pierres précieuses, en cornes de rhinocéros, en or et en choses de prix de toute sorte, qu'il se vit aussi riche qu'un souverain. Il occupa son commandement pendant soixante ans et, comme en nhâm ngọ les Dàng firent de tout le midi un protectorat sous le vocable de An-nam-độ-hộ-phủ, ce fut lui qui porta le premier ce titre. C'est la deuxième fois que nous voyons le mot d'An-nam dans les titres donnés aux gouverneurs des peuples tributaires du midi de l'Empire.

Nous trouvons en note la composition de ce protectorat du midi. Elle va nous donner une idée plus juste que celle que nous avons eue jusqu'à présent, de la véritable délimitation des provinces du royaume annamite, abstraction faite du Tsiampa jusqu'à Huê et du Cambodge, qui n'en firent partie que beaucoup plus tard.

Le protectorat du midi se composait de :

1° Giao-châu qui avait les huit huyện de Tống-bình, Nam-dình, Thái-bình, Giao-chỉ, Châu-dien, Long-biên, Bình-dao et Võ-bình : offrant en hommage des bananes, des arèques, des peaux de poisson pour manches de sabre, des sortes de pierres précieuses cach-nhì, des yeux de serpents et des éventails.

2° Lục-châu qui avait les trois huyện de O-loi, Thanh-hoa et Ninh-hải, offrant de l'argent, des écailles de tortue (Dồi-mồi et Ruà) des plumes de Chim-sha vert-bleu éclatant et des écorces d'arbres à gommes.

3° Phong-châu qui avait les cinq huyện de Gia-ninh, Thừa-hóa, Tân-xướng, Cao-son et Châu-lục, offrant en hommage de l'argent, du rotin, des boas, des yeux de serpent et des noix de muscade.

4° Ai-châu qui avait les six huyện de Cửu-chân, An-thuận, Sung-ninh, Quận-ninh, Nhật-nam et Trương-lâm, offrant des tissus de soie à fleur (ou le Thé) et des queues de paon.

5° Hoàn châu qui avait les quatre huyện de Cửu-dức, Bồ-thang, Việt-thường et Hoài-hoan, offrant de l'or, de l'argent, du hoang-tiêu, espèce de minerai d'or, des dents d'éléphants, des cornes de rhinocéros, de l'agalloche ou bois d'aigle et du bambou à fleur.

6° Trương-châu qui avait les quatre huyện de Van-thang, Dong-thái, Trương-son et Tứ-tượng offrant de l'or et de l'argent.

7° Phước-lộc-châu qui avait les trois huyện de Nhu-viên,

Dương lâm et Phước-lộc, offrant de la cire blanche et des bracelet en pierre rouge ou cornaline.

8° Thang-châu. qui avait les trois huyện de Thang-tuyen, L c-th y et La-thie , offrant de l'or.

9° Chi-ch u, qui avait les sept huy n de Ph -châu, B nh-tây, L c-quang, L c-di m, Da-vân, T -long.

10° V -nga-châu, qui avait les cinq huyện de V -nga, Nhu-ma, V -ng i, V -dzi. Võ-l c, V -l o et L ng-son.

11° Di n-ch u, qui avait le six huy n de T u g-ng i, Long-tri, T -hong, V -t c, V -dong et V -kim, offrant de l'or.

12° V -an-ch u, qui avait les deux huyện de V an et Lâm-giang (fleuve des forets), offrant de l'or et des tissus de coton.

On ajouta aussi Lung-ch u, qui faisait l ommage de queues de paon et de co nalines, avec Nam-dang-châu ; mais ils furent plus tard supprimes.

13° D c-hoa-châu ou Me ong-ch u, qui sont toutes les peuplades de l'ouest du Tong-king et dont la principale porte encore le nom de M ờng et hab te le L c-thô. Elles etaient au nombre de lus de quarante, dont on connaissait surtout Long-v , Qui-hóa, L ng-ch u, L c-ch u, T n-an et Lung-ch u. C' st ce qui forme maintenant la limite des provinces actuelles de Tuyên-quang, H ng-h a, Th i-nguyên et L ng-son, dit l'auteur ; mais il parait que depuis lors elles se sont reportées plus vers le sud : car les M ờng s'etendent à present jusqu'en X -thanh et X -ngh . (Voir la carte de Mgr. Taberd.)

On laissait à toutes ces peuplades le gouvernement particulier de leurs chefs sous l'autorite du gouverneur general, et il y avait droit de succession. Tous ces Ch u etaient designés sous le nom general de *Mi-mi* et le vice roi ou Dô-hộ reglait les présents pour les hommages.

Le commentateur de ce texte ajoute : Giao-ch , C u-ch n et Nh t-nam, voilà notre Annam, auquel on ajoute Lâm- p avec ses quatre huyện ; B c-c nh aussi avec quatre huyện ; tout l'ancien territoire de T n-t ợng, l'anc en royaume de Việt-th ờng ou Hoàn-ch u et l'ancien royaume de V n-lang, communiquant par terre et par eau avec T n-t ợng. Tout le reste est seulement protectorat, comme D ờng-châu, V -th c, V -an et Son-ch u, qui communiquent à Hoàn-châu et Lâm-châu. tantôt de T n-t ợng, tantôt de Nh t-nam, aussi bien que C nh-ch u qui, réuni à Lâm-ch u, forma les provinces actuelles de T u n-hóa (Hu) et Quang-nam (Tourane) au temps des D ng.

On voit par ce détail quelle grande exploitation d'or, d'argent et de matières précieuses la Chine retirait de tout le territoire

Annamite et combien son action centralisante s'étendait de jour en jour.

De 628 à 767 après J.-C. : Révoltes intérieures et invasion malaise, reprimee par le general Bà ngi en 767. annee Dinh vi. — Premiers fondements de La Thanh, capitale du Tông king.

En mô ti, année 628, un parent de l'Empereur de Chine était gouverneur général de Giao : il se rendit si odieux par ses exactions qu'on fut obligé de le rappeler. L'Empereur s'adressa alors à un officier renommé pour son savoir dans les lettres et pour sa valeur militaire, nommé Lu-tô-thương, qui, après beaucoup de difficultés, promit d'aller prendre ce gouvernement. Quelque temps après, cet officier, repentant de sa promesse, prétexta la maladie et ne voulut plus partir. L'Empereur lui fit faire des reproches par sa femme et son frère aîné, et lui promit qu'il le ferait revenir au bout de trois ans. Tô thương répondit : « Ces terres de Linh-nam sont pestilentielles; une fois qu'on y est, comment revenir? » L'Empereur, irrité de cette réponse, dit : « Celui qu'on envoie et qui ne veut pas obéir, comment serait-il droit? » Et il le fit décapiter, sur-le-champ, dans la cour du palais. Quelque temps après, il se repentit de sa vivacité et, pour la réparer, il nomma le fils de ce personnage à la succession de titres.

En ất vị, 635, un autre parent de l'Empereur devint gouverneur de Giao; mais il mourut presqu'aussitôt. De cette année-là nous passons 52 ans, dont on ne nous parle pas, pour arriver à l'année 687 ou đinh hợi. Alors un chef de Linh-nam n'avait prélevé que la moitié des tributs. Le gouverneur Dzi'n hữu l'obligea à les prélever au total. Un chef de bandes, nommé Tu tiên, ayant profité de ce fait pour se révolter, fut mis à mort; mais un autre chef de ses amis nommé Dinh ki'n, résolut de le venger et fit le siége de la résidence du gouverneur Dziên hữu, qu'il fit exécuter. Il fut mis à mort à son tour par un général chinois de Quế lâm, nommé Trực tịnh, qui vint sur ces entrefaites pacifier le pays.

Trente-cinq ans plus tard, année nhâm tuất, ou 722, un autre annamite chef de Hoàn châu (Xứ nghệ) et nommé Mai thúc loan, fit alliance avec les gens de Lâm-ấp et de Chân-lạp (Cambodge); réunit 30,000 hommes et se déclara Hắc đế ou *empereur noir*; mais il fut battu par le général chinois Teu húc, qui dispersa toutes ces bandes de brigands. Après la mort de l'Empereur noir, on éleva un temple en son honneur au marché de Sha-đen, oú sa mémoire vit encore. Huit ans après, les tribus Mân, ou des montagnes de la lisière annamite, se soumirent à l'empire des Dàng avec les gens de Bô-l c et Mi-mi, on en forma quatre nouveaux huyện sous l'autor.té du gouverneur général.

Pendant l'année đinh vị, 767, les peuples de Côn-nôn et de Chà và (Malais) envahirent les châu ou préfectures et attaquèrent les différentes citadelles du pays. Le général Tr.ơng-bá-nghi, envoyé contre eux, s'unit au gouverneur de Võ định et les battit à Châu-dzién. Après les avoir complétement soumis, il commença à bâtir la capitale actuelle du Tông-king sous le nom de La-thành.

D'où sortaient ces hordes de malais et pourquoi sortaient-elles ainsi de leur pays? Nous ne trouvons dans les annales que la note suivante :

« Chà-và des montagnes, était Châu-lang et s'appelait vulgairement Dột-la ; ses limites par terre étaient Ch n-lap ou le Cambodge à l'est : par l'ouest il touchait l'orient de l'Inde (c'est évidement la Birmanie). — Bô-l c avait 299 tribus. — Le roi du petit Côn-nôn s'appelait Mong-t t-liệt et celui du grand Côn-nôn, Tu-lợi-bac (noms qui ne sont ni Chinois ni Annamites).— Il y avait aussi un royaume de Hà-l c qu'on appelait Chà-và et enfin Chà-và-quốc dans la mer intérieure du midi. De ce royaume pour aller à la mer par l'est il fallait un mois, par le sud trois jours, par le nord quatre et par le nord-ouest, en barque quinze, jusqu'à S y-phù-dinh. Giao-chi porta la guerre à ce royaume avec 30,000 hommes et le soumit.

L'an 784 après J.-C., année giap-ti, un annamite de Cửu-chân devint grand lauréat et grand mandarin de la cour des Dàng. Il jouissait d'une grande influence dans le palais. Dans ce même temps, un homme des forêts, nommé Phùng-hưng, se mit à la tête d'une révolte et s'acquit une telle réputation qu'il se fit adorer.

Il y avait à ce qu'il parait de grands maux à guérir, puisque deux hommes du peuple avaient réussi à se faire élever des autels pour avoir voulu secouer un joug devenu trop odieux. La cour des D ng choisit pour envoyer dans le midi, comme l'homme qui s'était acquis le plus l'estime et l'affection des peuples, le général Thiêu-xương. Ce général parvint à pacifier le pays : il employa dix-sept ans à continuer les constructions de La-thành (K -chợ). Après cela, il vint à tomber malade et il s'en retourna en Chine. Un autre gouverneur, nommé Trương-châu, lui succéda : augmenta encore La-thành et fit construire

300 galères doublées en cuivre portant chacune 25 soldats et ayant 33 rameurs qui nageaient à reculons: elles étaient rapides comme le vent, d.t le narrateur. »

Invasion siamoise en Xù nghè. — Le Roi de Hoàn-châu battu par Truong ch..u, annee 808. — Revolte du Yun nan et son incorporation à l'Empire, annee canh thin, 860 après J.-C.

Il paraît que durant les troubles antérieurs, les Siamois avaient profité de la confusion qui régnait partout pour envahir Ho'n châu ou X nghê et pour l'ériger en royaume à la place du royaume de Lâm p, plus enfoncé dans le midi. Tr ng châu, gouverneur général du midi, se vit obligé de marcher contre le Roi de ce pays qui n'avait pas voulu se soumettre à son autorité. Il fit couper la tête à trente mille hommes des deux préfectures de Hoàn et de Ai; prit vivants 59 princes de la famille de ce Roi, fit raser les deux citadelles de ces deux pays et remporta dans le nord un butin immense, dans lequel on remarqua.t surtout une quantité prod gieuse de cuirasses en lames d'ivoire. Ce fait remarquable est de l'année mô-ti, 808 après J.-C.

Ce Roi de Hoàn-ch u, dit la note, régnait sur tout l'ancien royaume de Phan-ch , roi de Lâm p, battu par L ou-pheuong. l'an 605, c'est-à-dire 203 ans plus tôt. Ce territoire s'appelait aussi Xiêm-b t-lao : demeure du Roi de Xiêm-ba; Xiêm-thành; royaume de Tey et terre de Bi-thê.

Après cette expédition terrible, le gouverneur général fut assassiné et la maison des Dàng se trouva assez faible pour laisser ce fait impuni.

Un demi-siècle après, les M n ou barbares de Hoang-d ng furent soulevés par le roi de Ho n-ch u (Xu-ngh) et le préfet chinois de L c-ch u fut mis à mort pendant que celui de Phong-ch u se joignait à la révolte. La cour des D ng envoya des délégués impériaux ou Kinh-luoc; mais ce fut en vain: ils ne purent apaiser les troubles.

Nam-chi'u (midi incliné) ou V n-nam, le Yun-nan actuel, se souleva aussi; et ce ne fut que vers l'an 836-37 que le gouverneur général d'Annam, nommé Vuong-th c, put rétablir l'autorité de son souverain sur tous ces peuples exaspérés. Cet homme s'acquit un tel respect, disent les Annales, que toutes les tribus, aussi bien que Xi m (Siam) et Ch n-lap (Cambodge), vinrent aux hommages annuels.

Dans l'année c'nh-thin, 860 après J.-C., les troubles recommencèrent et les montagnards Th -m'n, unis aux gens de N m-chi'u, firent une guerre qui dura huit ans et qui fit de grands ravages dans tout le m di. Le général Cac-bi'n, gouverneur général d'Annam, creusa alors le grand canal qui porte encore son nom au Tong-king; il battit à plusieurs reprises les Nam-chi'u ou gens du Yun-nan, mais sans grand résultat. Le mariage du chef de cette tribu avec la fille de l'Empereur mit seul fin à la guerre; et depuis lors, dit l'auteur des Ann les Annamites, Nam-chiêu ne fait plus partie de notre territoire.

Comme on le voit, le règne de la maison D ng, quoique illustre et protecteur, fut cependant fort agité dans le midi, malgré la forte centralisation établie par les titres de D -h et de K n'-luoc et les grands commandements militaires donnés, à plusieurs reprises, à des généraux habiles. Le règne de 53 ans des cinq petites familles postérieures : H u-luong, H u-d ng, H u-tân, H u-han, H u-chu, l'est bien davantage encore. Nous arrivons à l'avènement définitif d'un pouvoir Annamite, qui va remplacer l'autorité protectorale des délégués Impériaux Chinois.

Nam-chi'u (ou Yun-nan) cherchait l'indépendance et il l'a perdue par un mariage : il est devenu partie intégrante de l'empire Chinois. Lâm-'p a cherché plusieurs fois à se soulever et à rassembler autour de lui les peuplades de la mer et des montagnes; mais il a manqué de force. Il reste à voir si Giao-chi se faisant des lois sans la Chine, trouvera chez lui assez d'éléments de force et de stabilité pour ne pas être abandonné des siens et pour obliger les étrangers à le reconnaître.

Ici finit notre 3me époque de l'histoire ancienne. Nous arrivons à la 1re des temps que nous sommes convenus d'appeler modernes ; de l'an 907 jusqu'à nos jours.

HISTOIRE MODERNE.

Première époque.

CAPITAINES INDIGÈNES DINH NGHÊ, NGÔ QUIÊN, BÔ LINH ET LÊ HANG QUI SE SONT INSURGÉS LES PREMIERS AVEC SUCCÈS CONTRE L'AUTORITÉ CHINOISE ET QUI ONT TRANSMIS AUX DEUX MAISONS LY ET TRAN L'INDÉPENDANCE DE LEUR NATION JUSQU'EN 1407 : ÉPOQUE DITE DINH, LÊ, LY, TRAN (500 ANS).

Temps de transition. — Temps des Ngû dài ou cinq petites familles qui ont succédé aux Dàng et régné 53 ans : de 907 à 960.

La grande famille des Dàng venait de succomber en Chine. Dès l'année dinh-m o 907 après J.-C., l'empereur H u-l rong établit le gouverneur de Canton et grand amiral, le nommé Lưu-ân gouverneur général d'Annam avec le titre de Nam-binh-vu ong ou roi de la pacification du midi, auquel fut ajouté celui de Nam-h i-vu ong, roi de la mer du sud. Un annamite, nommé Khúc h ng, était alors préfet de Giao-châu.

Après la mort de Lưu-ân qui arriva en 917, son fils Lưu-t p lui succéda avec le titre d'Empereur de D i-việt. De même Khúc-hung étant mort, dans sa préfecture de Giao, son fils Thừa-mĩ hérita de ses fonctions et alla en ambassade à la cour des Lương dont il obtint le gouvernement général de douze préfectures (ou Châu) et l'investiture de ce haut commandement.

Le compétiteur de Lương, très-irrité à la nouvelle qu'il en reçut, envoya aussitôt son général Lý-khác-chính châtier Giao châu et prendre Thừa-mĩ pour le lui amener vivant pendant qu'on établissait Lý-tiên à sa place.

Un général du père de Thừa-mĩ, nommé Dương-đình-nghệ et natif de Au-châu en Xứ thanh, souleva alors le peuple contre Lý-tiên qu'il parvint à chasser du pays. L'empereur, effrayé, fit un compromis avec Dinh-nghệ en lui donnant le pouvoir, tout en nommant Lý-tiên préfet de Giao-châu et Lý-khác ch nh général commandant de la ville en disant : « Ce peuple de Giao-ch aime la révolte : il faut le tenir avec sévérité. »

Les choses durèrent ainsi, jusqu'en 931 (tân m o), que vers la fin de l'année, Ding-nghệ obligea Lý-tiên à quitter la place. C'est en vain que Tràn-B ou fut envoyé à son secours par l'empereur de Chine : Tràn-B ou fut battu et tué, et l'annamite Dinh nghệ régna triomphalement sur les siens jusqu'à l'an 937, année dinh-dz u.

L'autorité chinoise, cette fois en défaut plus que jamais, ne put faire autre chose que d'agir par le moyen d'intrigues, qui cependant ne réussirent pas à son profit.

Dinh nghệ fut tué par un de ses capitaines, nommé Công-ti n qui se mit à sa place; mais l'année suivante un autre capitaine de Dinh nghệ, le nommé Ngô qui n, natif des montagnes qui séparent Hué de X nghệ, leva une armée à Ai-châu et marcha contre C ng-ti n auquel l'empereur envoyait une armée de renfort. Công-ti n fut tué et l'armée de l'empereur se noya toute entière.

On dit de Ngô-qui n, dans les Annales, qu'il vécut 47 ans et qu'il en régna six; qu'il fut pacificateur du pays au dedans et au dehors; mais que les difficultés d'affermir un royaume qui s'élève le surpassèrent. C'est en ky-hội (939) qu'il établit son gouvernement et en giap-thin (944) qu'il mourut de maladie, ne laissant que des enfants en bas âge pour lui succéder.

Les frères de Ngô-quiêm. malgré certaines intrigues de famille, maintinrent le pouvoir à leurs neveux X ong-c p et X ong-vân qui se partagèrent effectivement la royauté en l'année Tân-hoi (951).

Un autre capitaine de Ding nghệ et natif de la vallée de Hoà-lư en Hoàn-châu ou Xu nghệ, refusa de reconnaitre le pouvoir des deux jeunes rois. Il s'appelait Dinh-b -linh et il devint plus tard le chef de la maison Dinh. Cependant comme il craignait la guerre, il se résolût à envoyer son fils Liên en ôtage et à arrêter par là les troupes envoyées contre lui; mais il continua à protester. Les deux rois parlaient de mettre son fils à mort, quand Bộ-linh dit en colère que les gens de condition avaient à cœur une parole donnée... et que ce n'était pas la mort de son fils qui l'arrêterait : Liên fut relâché.

Quelque temps après, l'ainé des deux rois, X ong-c p, voulut régner seul et après avoir déclaré la guerre à son frère, il envoya des ambassadeurs à l'Empereur pour demander l'investiture, qui lui fut accordée. La mer était alors infestée de pirates, disent les Annales en racontant le voyage de l'ambassadeur Chinois, qui venait accepter, comme fait accompli, l'émancipation d'un de ses peuples.

Dans l'année ât-s u (965) le roi X ong-c p (Thiên s'ch) ayant voulu marcher contre les deux tribus de Th i-b nh et Lang nguyên, mourut atteint d'une flèche au moment où il montait à terre. L'année suivante son frère mourut aussi et des chefs indigènes, d'abord quatre puis douze, se disputèrent le pouvoir et se firent une guerre acharnée qui dura onze ans, jusqu'à l'avénement de B -linh au trône, sans que la Chine put rétablir sa haute autorite d'autrefois et exploiter encore directement d'aussi riches pays.

Avénement des Nam-tông en Chine, 960-962 après J.-C — Le Roi Dinh, première maison annamite des temps modernes, 968 après J.-C.

Il y avait déjà cinq ans que la grande dynastie Chinoise des Nam-tong régnait et réunissait encore sous un même sceptre, après tant d'années de désordres et de guerres civiles, tous les peuples de la Chine. Mais les tribus au delà des cinq montagnes du midi, les Ba-viêt, ne voulaient plus de gouverneurs et de commandants militaires Chinois; elles voulaient de l'indépendance. Seulement, plusieurs chefs prétendaient gouverner leur territoire particulier et, de là, résultait d'abord un morcellement inaccoutumé et désavantageux sous tous les rapports et plus tard des rivalités terribles. C'est probablement cette considération qui avait poussé Xuong-c p à se donner le relief de l'investiture du grand Empire, ce qui, joint à la réputation de son père, faisait tomber devant lui tous les mécontents, même B -linh.

Après la mort de Xuong-c p, il n'y eut plus alors de frein pour personne et Bô-linh lui-même, comme les autres seigneurs ou chefs militaires, se trouva confondu dans l'anarchie générale qui éclatait partout à la fois, sur douze points différents.

C'est alors que cet homme désespéré se résolut à attendre dans la retraite des moments plus favorables. Il connaissait la probité de Tr n-minh-c ng, chef du B -ch nh. Il alla donc, avec son fils Li n, se réfugier chez lui. Trân-minh-c ng fut frappé de la physionomie de cet homme, d'autant plus qu'il avait été lié d'amitié avec son père C ng-r , ancien officier de

Dinh-nghệ; aussi l'adopta-t-il pour son fils et il lui procura environ 500 hommes de choix et l'alliance du chef de Dang-ch'u, homme important parmi les montagnards, pour aller au secours du petit-fils de Ngô qui n qui se débattait encore sous les débris du trône de son grand-père.

Nous pouvons remarquer ici comment Bộ-linh, qui n'avait pas voulu reconnaître les fils de Ngô-qui n, combat maintenant pour mettre son petit-fils sur le trône. Evidemment ce n'était qu'un prétexte et un expédient; mais comment en trouver de meilleur dans ces temps d'immenses desordres?

Là les Annales nous laissent supposer la suite des évènements et, sans nous parler plus de cette guerre, elles commencent un autre volume en nous donnant la biographie de Dinh-bộ-linh et l'histoire de son règne.

« Dinh, vulgairement dit Bộ-linh, était fils de Công-trứ, de la vallée de Hoa-l , capitaine de D ong-dinh-nghệ et ensuite préfet de Hoan-châu (ou Xu-nghê). Il soumit les douze tyrans et fondit un empire; après douze ans de règne, il fut tué par un de ses gardes à l'âge de 56 ans. La puissance de ce souverain fut une protection pour les peuples et la destruction des brigands : son règne fut glorieux; mais succédant à celui de Ngô, il ne put établir solidement sa postérité et, par défaut de vigilance et de précautions, sa maison se trouva remplie de désordres et son gouvernement suivit la même ligne. »

« La première année du règne de Dinh est l'année mô thìn ou 968, il donna à son royaume le nom de D i c viêt, Il voulait faire sa capitale au village de Dàm; mais l'espace étant trop étroit, il l'établit à Hoa-l où il aplanit le terrain, combla les étangs, bâtit des palais et des temples et où il installa son gouvernement. Dans la cour de son palais il fit placer une énorme chaudière en bronze et nourrir des tigres. Il y avait cette affiche . *Les coupables seront cuits ou mangés*. Personne n'osa plus enfreindre les lois. »

L'autorité de Dinh étant ainsi reconnue sur tous les points du territoire, dès l'année suivante il nomma son fils Liên roi de Nam-việt; cependant, comme il réfléchit sans doute qu'il y aurait une grande difficulté à affermir son trône sans la haute approbation du grand Empire, il se décida, à la troisième année de son règne (970), à envoyer une ambassade à la cour des Tống. Tống qui avait été jusqu'alors impuissant à arrêter les révolutions du midi et l'usurpation des différents chefs, Tống, dis-je, profita de cette circonstance pour envoyer un de ses généraux, le nommé Phan-mi-binh, avec le titre de Linh nam ou consul du midi.

Ce haut agent de la cour impériale devait paraître gênant au roi Dinh. Il n'en continua pas moins cependant l'organisation de sa maison et de son gouvernement. Son fils était roi; il nomma cinq impératrices (faute très-grave, dit le commentateur, puisqu'il donnait ainsi l'exemple aux dynasties Lê et Lý, qui l'imitèrent). Comme grands dignitaires dans les lettres, la guerre et la religion, il nomma : Nguy˜n-b c, grand mérite de l'état ou duc; L ou-cơ, grand lettré du protectorat; Lê-hàng, lieutenant général des dix corps d'armée; le chef des bonzes, Ngô-chơn, protecteur des états de Việt, et Trương-ma-ni, un indien, grand chef des cérémonies.

En l'année nh^m thân, 972 après J.-C., c'est son fils lui-même qu'il envoya en ambassade. Tông rendit l'ambassade et envoya à Liên le titre de grand amiral, gouverneur général de l'Annam.

En giap-tu^t ou 974 après J.-C. eut lieu une nouvelle organisation militaire en dix corps d'armée : chaque corps avait dix qu`n, chaque qu`n dix l r, chaque lư dix xu´t, chaque xu´t dix ngũ et chaque ngũ dix hommes, qui tous portaient le chapeau à quatre angles (connu encore dans le pays).

Il y avait donc ainsi un million d'hommes sous les armes. Il faut croire que la levée n'avait pas alors pour base les catalogues fictifs qui existent maintenant au Tong-king et en Cochinchine, lesquels ne donnent guère que six cent mille inscrits, dont on prélève seulement le cinquième dans la moyenne des différentes provinces.

Dans l'année at-hợi. 975 après J.-C., une ambassade ayant encore été envoyée à T^ng, Tông nomma Liên seigneur roi de Giao-ch` (Giao-ch` qu`n v ong) et son père envoya par reconnaissance à l'Empereur des chevaux dressés, des éléphants, de l'or et des tissus de soie de la plus grande finesse. L'Empereur, de son côté, envoya à Liên, cette fois roi de Nam-viêt, les cachets de sa dignité.

L'année Mô-d`n (978) fut signalée par deux grands évènements : un tremblement de terre et la mort d'un fils d'une concubine de Dinh, nommé héritier présomptif et tué par son frère Liên, l'aîné de la famille.

L'année suivante le roi Dinh et son fils Liên furent tués pendant la nuit par un garde du palais, qui avait fait un rêve qu'il croyait mystérieux. Nguyen-b c, le premier dignitaire du royaume, fit mettre à mort ce garde qui s'était réfugié sous la toiture du palais des femmes et il envoya son corps coupé en morceaux à tout le peuple qui se les disputa pour les manger.

Les grands dignitaires, Bạc, Di‸n et Hàng, se réunirent alors pour placer Vệ-vương, fils de Dinh et frère de Liên, sur le trône, sous la régence de sa mère Dương-thị, décorée du titre de reine-mère (Hoàng-thái-h‸u); mais Lê-hàng, le lieutenant général commandant les dix corps de troupes, s'empara effectivement de toute l'administration sous le titre de roi adjoint, qu'il se donna lui-même.

Le jeune prince n'avait en effet que six ans et il n'y avait que Lê-hàng qui put, pour le service des gardes, pénétrer dans le palais. La reine, en le voyant, s'était éprise de lui et elle l'engageait à imiter l'exemple de Chu-công de Chine, qui avait pris la place de l'Empereur, son pupille, tout en recevant les honneurs pour lui. Lê-hàng, par suite, était devenu présomptueux et il ne faisait que peu de cas de tous les autres grands dignitaires. B c, Diền et H p ne purent supporter un pareil état de choses et ils levèrent deux corps d'armée pour attaquer Lê-hàng. La reine, saisie de crainte, lui dit alors : « Les grands dignitaires se révoltent et mettent en péril le royaume; cependant notre prince est encore tout enfant et ne peut rien. » Lê-hàng lui répondit : « J'ai pris la régence et à la vie et à la mort quelque malheur qui arrive, c'est moi qui en prends la responsabilité. » Les insurgés furent battus : Di n périt dans le combat et B c, pris et emmené à la capitale, fut décapité pour avoir troublé le deuil du roi défunt. L'armée, dispersée, gagna le fleuve du nord et campa au village de Kiêt-lọi, d'où Lê-hàng la fit revenir dans ses foyers.

Un autre complication occasionna la guerre de Siam. Nhat khánh, descendant de Ngô-qui n et de Xu ong-c p, se disait roi d'Annam et s'était retiré dans les différents territoires des douze tyrans battus par Bộ-linh (le roi Dinh). Bộ-linh vainqueur avait épousé sa mère et donné sa sœur en mariage à son fils Liêm; plus tard, craignant des vengeances personnelles, il avait donné à Nh t-khành une de ses filles en mariage. Nh t-khánh, profondément blessé au fond du cœur, entraîna sa femme avec lui et s'enfuit à Siam jusqu'aux limites de la mer du sud. Là, prenant un couteau, il en fit un signe sur le front de sa femme et lui dit : « Ton père a injurié ma mère et nous tous à ce point; comment en te donnant à moi, pourrais-je jamais oublier cet affront? Retourne chez toi; pour moi je vais chercher en d'autres lieux des moyens de salut. »

C'est alors donc qu'ayant appris la mort de l'Empereur Dinh, il engagea le roi de Siam à faire la guerre. Le roi de Siam, Ba-mi-thuê-dương-bô-an-trà-lọi, fit prendre la mer à plus de mille galères de guerre et les dirigea sur les deux embouchures de Daï-a et Thiêu-khang pour aller attaquer la ville de

Hoà-l..., capitale du roi d'Annam; mais un coup de vent les coula toutes : Nh..t kh..nh et les Siamois se noyèrent et ce ne fut qu'à grand'peine que le ro lui-même put échapper.

Tout réussissait ainsi à Lê-h..ng; mais l'Empereur de Chine qui avait été forcé de reconnaître e Ngô et Dinh antérieurement, crut que le moment était favorable pour reprendre les anciens droits de sa couronne sur les peuples du midi ultérieur et échapper ainsi à la fatalité d'accepter les hommages de princes usurpateurs. Son général Nh n-b óu lui disait : « Les rois de Giao-ch , père et fils, ont été tués; ce royaume touche à sa ruine et il est temps de profiter de la circonstance pour s'en emparer; il est à craindre qu'on ne laisse échapper une si belle occasion.

L'Empereur s'empressa de lui donner le commandement d'une armée puissante en hommes et en chevaux, qui fut divisée en deux corps : l'un devant prendre la route de terre par O-châu et l'autre la route de mer par Quang-châu (Canton); c'était en l'année canh-thin ou l'an 980 après J.-C.

Dans ces conjonctures, la reine do na ordre à Lê-hàng de combattre. Nous allons voir comment cette circonstance fut exploitée par cet homme adroit et ambitieux pour se faire déclarer Empereur, à la place du jeune fils de Dinh.

Lê-hàng élu Roi. — Deuxième maison annamite des temps modernes; 980 après J.-C., année canh-thin.

Le préfet de Lang-ch..u, voyant la marche de l'armée chinoise, fut saisi de crainte et fit sa soumission. Lê-hàng voulait le châtier : il nomma pour général commandant en chef un de ses affidés, nommé Phâm-c -l ong. Celui-ci réunit aussitôt tous les chefs en habit de cour, dans l'intérieur du palais, et il leur exposa dans un discours habile que, sur le point d'acquérir de grands mérites, le roi était encore enfant; qu'il n'y avait personne qui pût leur en tenir compte et qu'il n'y avait donc qu'à élire à leur tête, comme *fils du Ciel* (Empereur), le lieutenant-général des dix corps d'armée. A ces paroles, Lê-h..ng fut acclamé et la reine le couvrit du manteau impérial. Ainsi élu, Lê-hàng prit aussitôt le chiffre Thiện-phuoc (félicité du ciel) et organisa sa cour.

Pendant ce temps, l'armée chinoise s'avançait et une proclamation impériale, à toutes les tribus, était affichée partout. Lê-h..ng crut qu'il était à propos de gagner du temps et de détourner l'attention publique. Il envoya donc une ambassade à l'Empereur de Chine et, dans une lettre habile, il demanda l'investiture pour Vệ-vương, le fils de Dinh. L'Empereur la refusa et répondit que puisque Lê avait pris le titre de D' et le chiffre Thiên-phuoc, il avait apparemment l'intention de s'emparer du trône; qu'on voulait faire de Vệ-vương un grand chef; mais que s'il n'en avait pas les qualités, il n'avait qu'à venir lui, sa mère et les siens à la cour; là il serait traité avec tous les honneurs dûs à son rang.

L'année suivante, 981, Nhơn-bảo, le général chinois fit avancer un corps d'armée sur Lạng-son pendant qu'un second marchait à l'ouest et que le troisième arrivait au fleuve de Bạch-đằng. Lê-hoàng attaqua le premier corps en profitant de l'inaction des deux autres : il fit des barrages et il créa de tels obstacles, qu'il réussit à le mettre en fuite. Alors il persuada à Nhơn-bảo de composer et, l'ayant attiré à une entrevue, il lui fit trancher la tête; le reste de l'armée fut taillé en pièces; plus de la moitié fut tué et les campagnes furent jonchées de cadavres; deux généraux furent pris et emmenés à Hoa-lư et Lê-hoàng fut acclamé par toutes les populations comme un sauveur.

Lê-hoàng était victorieux au dedans et au dehors et pour la continuation de son triomphe il n'avait plus qu'à rechercher le prestige, toujours exigé de la haute investiture chinoise. Il venait de détruire l'armée impériale; l'année suivante nous le voyons envoyer une ambassade et des présents à l'Empereur de la maison des Tông.

Cette même année, Siam ayant retenu les ambassadeurs Annamites, fut sévèrement puni : son général fut tué et l'armée siamoise fut massacrée d'une manière épouvantable. Le roi Xa-lợi-đa-ban-việt-hoan abandonna sa capitale; cent de ses femmes tombèrent au pouvoir de Lê-hoàng avec un bonze indien, des trésors immenses en or, en argent et en choses précieuses furent la proie du vainqueur et la ville fut détruite et rasée.

De retour de cette expédition, Lê envoya une autre ambassade en Chine, creusa un canal pour rendre les communications par le nord faciles, fit fondre des sapèques au chiffre de Thiên-phuoc, bâtit un immense palais à cinq compartiments avec des tours et des temples, dont les toits étaient couverts en feuilles d'argent à la place de tuiles et il fit le recensement du peuple.

En binh tu't où 986, Lê envoya une troisième ambassade aux Tông qui cette fois la rendirent. Trois ans après il établissait ses trois premiers enfants, l'un *Roi du culte au ciel*, l'autre *Roi de la ville de l'Est* et le troisième *Roi du Sud*.

C'est en canh dần ou 990 qu'eut lieu une ambassade plus solennelle que toutes les autres, envoyée par les Tông au souverain Annamite. Deux délégués apportaient à Lê le brevet des titres honorifiques qu'on avait jugé à propos de lui donner, pour gagner son affection. Lê envoya des barques à la rencontre des ambassadeurs au port de Thái-bình, d'où il les emmena à B ch dàng, puis à l'embouchure de Xoa, pour arriver par le lac à la capitale (Hoa-lu). Ces ambassadeurs ayant montré de l'insolence pendant la route, Lê les reçut froidement avec un déploiement immense de ses forces, et le jour de la livraison du brevet, il ne salua pas selon les usages, prétextant une chute de cheval qui l'avait rendu estropié. Après cette leçon, il procura aux ambassadeurs toutes sortes de spectacles : joûtes sur l'eau, combat de tigres, et il convint avec eux, en les quittant, que désormais il ne serait plus nécessaire de dépasser les frontières pour les communications officielles : ce que Tông accorda.

Les années suivantes, Lê donna des titres de rois à ses neuf autres enfants qu'il établit sur les différents points du territoire; et pendant que l'empereur de Chine envoyait au dernier rejeton de Dinh le titre de Giao-chi-qu n-vương ou roi et seigneur de Giao-chi, il refusait les présents que lui envoyait le roi de Siam et il étouffait plusieurs révoltes favorisées par les Siamois.

En qui-tị, 993, il y eut une éclipse de soleil le premier jour du deuxième mois et en mô-tuât ou 998, il y eut un tremblement de terre au troisième mois; puis deux éclipses de soleil, une au cinquième et l'autre au dixième mois; l'année fut très sèche. et des maladies se répandirent sur les hommes et sur les animaux. L'année suivante mourut la reine et le fils aîné du roi.

L'an 1004 (giáp thìn) Lê déclara son troisième fils Lung-việt héritier présomptif de sa couronne et il envoya son onzième fils en ambassade à la cour des Tông, avec le titre de préfet adjoint de Ho n-châu. L'Empereur de Chine témoigna beaucoup d'affection à cet enfant : il le reçut dans sa chambre et il le combla des plus riches cadeaux.

C'est l'année suivante, en 1005, que Lê-hàng mourut à l'âge de 65 ans, après vingt-quatre ans d'un règne vraiment glorieux et après avoir lutté avec vaillance et habileté contre la Chine, pour l'indépendance de son pays. La grande faute qu'on doit lui reprocher, c'est d'avoir fait rois tous ses enfants.

A sa mort, Lung-việt, l'héritier présomptif eut à faire la guerre à trois de ses frères et, pendant huit mois, il n'y eut pas de roi. L'un d'eux s'étant enfui à Siam, Lung-việt voulait l'y poursuivre; mais il fut mis à mort dans le palais par son frère Lung-dinh, qui était le cinquième.

Lung-dinh monta sur le trône avec le chiffre Khai-minh : il régna 4 ans. Adonné à tous les vices et rongé par une maladie vénérienne, il fut surnommé ngoà tri u ou *le roi couche* et il mourut à l'âge de 24 ans.

Ly công uân succède au Roi Lê; troisième maison annamite des temps modernes, de 1010 à 1225 après J.-C.

L'année suivante, l'an 1010 ou canh tu t, un des dignitaires de la couronne, nommé Lý-công-uân et originaire de Tri u-giang, lui succéda sans secousse et sans bruit. Lý envoya aussitôt une ambassade en Chine pour se faire reconnaître; il y eut alors grand conseil à la cour des Tông pour savoir ce qu'il était opportun de faire. L'Empereur lui-même leva l'hésitation par ces mots : « Lê a succédé à Dinh; Lý suit cet exemple : par qui ont-ils été choisis? » L'ambassade fut reçue et l'investiture accordée.

Lý se préoccupa dès lors de changer la résidence royale. Il fit remarquer à tous les grands dignitaires de la couronne combien Hoà lư était étroit et combien la position de La-thành (ville actuelle de Ké chợ) était vaste, spacieuse et avantageuse sous tous les rapports. Il cita de plus l'exemple des diverses dy asties Chinoises, qui avaient changé de capitale suivant l'occurence des temps, et il alla enfin s'établir à La-thành, qu'il rebâtit sous le nom de Tang-long (dragon qui s'élève) par suite d'un songe dans lequel il avait vu un dragon se dresser devant lui. Plus tard cette capitale porta aussi les noms de Ung-thiên-phủ et Nam-kinh.

La troisième année du règne de Lý, dont le chiffre est thái tổ, thiên khai, le Cambodge vint lui rendre hommage et lui apporter des présents.

« Le Cambodge ou Chân-l p, dit la légende, était au sud de Cổ-thành. Pour y aller en barque par le sud, il fallait de six à dix jours; ses coutumes ne diffèrent en rien de celles des habitants de C -thành. En venant du sud, on le voyait s'élever sur la droite. Au temps des Dang, il fut divisé en deux : la partie nord et montagneuse qu'on appelait Chân-l p et les rivages de la mer au sud qu'on nommait Nhiêu-b n-tr ch. La moitié de Chân-l p était noyée. La partie aqueuse avait 800 ly (80 lieues) et le roi habitait Ba-la-de-buu, qui est maintenant

Dông-naï (ou Biên-hoà); la partie sèche avait 700 ly (70 lieues). On appelait ce royaume H -khu t, maintenant on dit Cao-men. »

Lý divisa les terrains susceptibles de payer tribut en six catégories, et à propos d'un tremblement de terre, qui eût lieu l'an 1016, il fit faire des sacrifices à toutes les montagnes. L'an 1020, les Siamois etant venus attaquer le B ch nh, territoire séparant actuellement la Cochinchine du Tong-king, plus de la moitié de leur armée fut passée au fil de l'epée, et c'est à ce sujet que Lý établit le poste militaire de Phan-tr i, comme limite sud du royaume avec Siam.

Lý mourut en 1028, année mô thìn, à l'âge de 56 ans. Cette année-là il y eut une éclipse de soleil. Lý avait regné 18 ans et il s'était acquis la réputation de prince très-intelligent et très-vertueux. Son fils aîné, Ph t m , lui succéda malgré l'opposition de trois aut es de ses frères auxquels il livra bataille, dans le palais même du roi défunt. Il prit le titre de Thái tông et le chiffre de D c-chánh : il régna 27 ans.

Le Cambodge vint aux hommages; les Siamois s'emparèrent du poste militaire du Bô-chanh; il y eût plusieurs révoltes intérieures et le nom de Ho n-chu fut changé en celui de Nghệ-an. En l'année canh-thìn ou 1040, il y eut une éclipse de soleil et on commença la redaction du code pénal. Un règlement d'âge fut établi pour les services publics; on établit le rachat des peines excepté pour les dix cas de grands crimes dit th p ác et on fit une loi pour punir de soixante coups de bâton et de la marque ceux qui achèteraient des enfants mâles de la population pour en faire des esclaves. Les pirates siamois infestaient la mer et le roi fit déclarer la guerre à Siam, pour n'avoir pas envoyé d'ambassadeurs depuis seize ans, c'est-à-dire depuis la mort de son père.

Après ces deux premiers souverains de la maison Lý viennent :

Long-đoan, qui prit le titre de Thánh-t ng et le chiffre de Thái-bình. Il régna 17 ans : de 1055 à 1072, année nh m-tí. Il mourut à 50 ans, très-aimé et très-regretté de tout le royaume;

C n-đ c ou Nhôn-tông, chiffre Thái-ninh, qui eût 63 ans d'âge et 56 de règne, jusqu'en 1128, année mô thân. Il mourut sans enfants, laissant le trône à son neveu;

Th n-tông, chiffre Thiện-thu n, vécut 23 ans dont il régna onze, jusqu'en 1139, année kỷ-vị;

Anh-tông, chiffre Thiệu-minh, vécut 40 ans dont il régna 37, jusqu'en 1176, année bính-thân;

Cao-tông, chiffre Trinh-phù, vécut 38 ans dont il régna 35, jusqu'en 1211, année Tân-vị;

Huệ-tông, chiffre Kiên-gìa, vécut 32 ans dont il régna 14, jusqu'en 1225, année ất-dậu.

Tràn cảnh succède aux Ly; quatrième maison annamite des temps modernes, de 1225 à 1412.

Ce prince n'avait qu'une fille, connue sous le nom de Chiêu hoàng. Il abdiqua en sa faveur l'année 1225 et, atteint de folie, il se retira dans un temple où il se pendit quelque temps après. Avant de placer sa fille sur le trône, il avait établi le fils d'un grand dignitaire de la couronne, Tràn thừa, lieutenant-général du royaume. Le fils de Tràn thừa servait la jeune reine à l'intérieur du palais : il s'appelait Tràn-cảnh. La reine s'éprit de lui et l'épousa du consentement du père Tràn-thừa et de l'oncle Tràn-thủ-độ, qui devint, par là-même, grand duc ou thái-sư et qui épousa de son côté la reine-mère.

(1225—1258) Tràn cảnh, sous le titre de Thái tông, vécut 60 ans et en régna 33, jusqu'en 1258, année mô-ngọ;

(1258—1279) Thánh tông, chiffre Thiệu long, vécut 51 ans et en régna 21, jusqu'en 1279, année kỷ mẹo;

(1279—1293) Nhơn tông, chiffre Thiệu bửu, vécut 51 ans et en régna 14, jusqu'en 1293, année qui tị;

(1293—1314) Anh tông, chiffre Ung long, vécut 45 ans et en régna 21, jusqu'en 1314, année giáp dận;

(1314—1331) Minh tông, chiffre Thái khánh, vécut 85 ans et en régna 15, jusqu'en 1331, année tân mụi;

(1331—1342) Hiến tông, chiffre Khai hựu, vécut 23 ans et en régna 13, jusqu'en 1342, année nhậm ngọ;

(1342—1370) Du tông, chiffre Thiệu phong, vécut 34 ans et en régna 28, jusqu'en 1370, année canh tuất;

(1370—1373) Nghệ tông, chiffre Thiệu khánh, vécut 74 ans et en régna 3, jusqu'en 1373, année qúi sửu;

(1373—1378) Duệ tông, chiffre Long khánh, vécut 41 ans et en régna 5, jusqu'en 1378, année mô ngọ;

(1378—1390) Phế đế, chiffre Xương phù, vécut 28 ans et en régna 12, jusqu'en 1390, année canh ngọ;

(1390—1399) Thuận tông, chiffre Quang thái, vécut 29 ans et en régna 9, jusqu'en 1399, année kỷ mạo;

(1399—1407) Thiệu đế, chiffre Kiên tân, régna jusqu'en 1407, année đinh hợi.

Les annales comprennent dans ce dernier règne celui des deux rois étrangers, Hồ-qúi-lý et Hán-thương, qui régnèrent six ans.

Hồ-qúi-lý était d'origine chinoise et ses ancêtres, depuis des siècles habitants de la province de Xứ tkanh, jouissaient d'une grande considération à la cour. Hồ-qúi-lý, lui-même, y avait obtenu le titre de Thái-sư ou grand duc quand il força le roi Thiệu đế à se retirer dans un temple, comme incapable de régner. Ce fut lui qui s'emparant ainsi du trône, auquel il associa son fils Hán-thương, fut cause de l'intervention Chinoise et par là de la profonde confusion qui agita le pays pendant 21 ans, jusqu'à l'avènement de Lê-lợi en 1428.

L'Empereur de la dynastie des Minh, qui régnait alors en Chine, profita de l'occasion pour envoyer en Annam deux de ses généraux comme délégués impériaux et comme souverains arbitres de tous les griefs de ce pays avec la Chine et des princes entr'eux. Hồ qúi lý et son fils furent livrés par les populations et mis à mort. Giản-định, fils de Nghệ tông, le 8e des rois Tran, voulut en vain s'opposer à l'invasion chinoise et se former un parti sous le nom de Hưng-khánh : il fut tué par les enfants d'un chef qu'il avait fait exécuter, qui élirent à sa place son neveu Trọng-quang, petit-fils de Nghệ-tông; ce nouveau prince fut livré quelque temps après aux généraux chinois. Il se noya dans le trajet d'Annam à la cour du nord (1412 après J.-C.).

Ainsi en très-peu de temps la nation annamite se trouva complètement abandonnée à la merci des généraux chinois. Des exactions de tout genre eurent lieu alors et le petit peuple se vit attaqué jusques dans ses coutumes les plus indifférentes : on voulut l'empêcher de se noircir les dents, de mâcher le bétel, de porter des cheveux longs, de s'habiller suivant ses usages; on le força à suivre des cours, à se conformer en tout aux rites du Céleste-Empire et à renoncer à ses usages : de sorte que les plus grands mécontentements furent excités au cœur même de la nation, dans les hameaux les plus retirés et dans les chaumières les plus pauvres.

L'état violent, créé ainsi partout par le pillage, l'assassinat et beaucoup de mesures arbitraires, fut encore surrexcité par l'intervention siamoise qui prêta alors la main aux Chinois : de sorte que l'ancienne terre de Giao-chỉ ne fut plus qu'une terre de désolation épouvantable. Elle allait être ruinée pour jamais, quand un homme plein d'énergie et de résolution, Lê-lợi, fils d'un chef de tribu de la province de Xứ thanh, se fit le champion de l'indépendance et se mit à la tête de tout ce qu'il y avait encore de vrais annamites avec le titre de roi de Bình định ou d'insurrection permanente. C'était en l'année mô-tuất ou 1418 après J.-C.

Lệ lợi avait été un des généraux de Trọng quang; et les généraux chinois le regardant comme un homme à ménager, lui avaient confié la surveillance de toute la lisière des montagnes de l'ouest et du sud. Avec ce point d'appui, son parti grossit de jour en jour; il fut secondé par Nguyễn-tiên, grand lettré d'alors, qui est l'ancêtre des rois actuels, et après beaucoup de courage, de constance et d'habileté, ce vaillant homme parvint à chasser les Chinois, à détruire les cabales Lý et Trần et à se faire reconnaitre par la Chine elle-même roi d'Annam (Nam-quốc-vương).

Ce grand évènement de la restauration de l'indépendance Annamite, par l'avènement des Lê au trône, est de 1428 après J.-C. et il termine notre 3e époque. Nous devons le considérer comme le dernier affranchissement de la nation et comme son émancipation la plus complète possible de la Chine. Déjà, à plusieurs reprises, l'Annam avait secoué le joug chinois; mais le souvenir du grand Empire régnait toujours dans les idées du peuple et, dans les jours d'exaspération, on recourait à l'Empereur comme à l'arbitre né de tous les différends. Cette fois, les derniers liens se brisent, ce semble, pour toujours; la nation Annamite conserve de la Chine ce qu'elle en a reçu pendant tant de siècles : l'éducation, la langue, la littérature, la religion, la législation, la médecine et les arts; elle continue à avoir avec elle des rapports respectueux; elle envoie des ambassades; elle fait reconnaître ses souverains à leur avènement; elle donne droit d'aînesse et de bourgeoisie à tous les Chinois qui viennent commercer chez elle; mais elle ne veut plus d'arbitrage et d'intervention; elle se sent assez forte pour se gouverner d'elle-même et par elle-même; elle vit enfin d'une vie qui lui est propre et qui n'accepte aucun contrôle. Cet état de choses dure depuis lors jusqu'à nos jours.

Nous remettons à l'année prochaine l'étude de ce règne important de la maison Lê jusqu'à nos jours, aussi bien du reste que le règne des deux maisons Lý et Trần, dont nous venons de ne donner que les chiffres.

Contentons-nous, pour cette année, de la simple succession des différents souverains jusqu'à la fuite de la famille Lê en Chine, en 1784.

Seconde époque.

Règne de la grande dynastie Lê (Huy-loi) depuis l'an 1418 (année mô-tuât) ou la guerre de l'indépendance et plus tard la fondation des deux vice-royautés Dàng-ngoai (Tông-king) et Dàng-trong (Cochinchine), jusqu'à la guerre des montagnards Tây-shon, la fuite de la famille royale de Huê à Saigon, en 1774, et la destruction par les montagnards de la famille souveraine du Tông-king et des deux familles de vice-rois, à l'exception de Gia-long.

La grande dynastie Nam-tông avait régné en Chine de 960 à 1272; les Tartares mongols avaient occupé l'Empire jusqu'en 1361; les Minh avaient chassé les mongols et régnaient déjà depuis cinquante ans, quand Lê-húy-lợi leva contre leurs généraux l'étendard de la révolte. Pendant dix ans d'insurrection, de 1418 (année mô-tuât) à 1428 (année mô-thân), il prit le titre de Bình định vương, ou roi de l'insurrection fixe, et ce ne fut qu'après ce temps qu'il prit le chiffre de Thuần thiên ou favorisé du ciel, qu'il garda six ans jusqu'à sa mort. Il est connu sous le vocable de Thái tổ cao, comme fondateur de la dynastie.

Son fils, Thái-tông-văn, lui succéda avec le chiffre Thiệu-bình, qu'il garda sept ans, et ensuite le chiffre Dại-bướu, qu'il garda deux — soit 9 ans de règne.

Son petit-fils, Nhơn-tông-tuyền, régna dix-sept ans avec le chiffre Thái-hoà (11 ans) et Dzien-ninh (6).

Thánh-tông-thuận régnait en 1460 sous le chiffre de Quang thuận, qu'il garda dix ans, et celui de Hùng đức qu'il porta pendant 28 ans, jusqu'à la fin de son règne, qui dura trente-huit ans. Ce prince s'est rendu très-illustre par le code des lois, qu'il fit rédiger, et par la division de ses états en 13 provinces, dont les deux plus au midi : Thuận hoá (ou Hué actuel) et Quang-nam (ou Chàm) venaient d'être conquises sur les Tsiampois, peuple mahométan et malais qui était l'ancien peuple de Lâm-âp, dont nous avons déjà vu en partie l'histoire.

Nous arrivons au XVIe siècle : Hiên-tông-dzuệ régna de 1498 à 1505, c'est-à-dire sept ans, avec le seul chiffre de Cảnh-thông ;

Tiêu-tông-khâm ne régna qu'un an avec le chiffre de Thái-trinh;

Oai-mục régna cinq ans avec le chiffre Thoại-khánh;

Nhừơng dzẹuk régna sept ans avec celui de Hùng thuận;

Da dzeuong vương régna six ans avec celui de Quang-thiệu;

Cung-hoàng régna cinq ans avec celui de Thông ngủyên. C'est avec lui que commença la rébellion de Mạc-đăng-dzong, qui prit le chiffre minh đúc et régna trois ans;

Mạc-đăng-dzuân, son fils, prit celui de Đại-chính et régna huit ans, simultanément avec les princes de la famille des Lê;

Trang-tông-dzọu, fils de Tiêu-tông, régna seize ans sous le chiffre de Nguyên hoà;

Les Mạc régnaient sous les noms de Phước hài et Phước nguyên avec les chiffres Quảng hoà, six ans, Vinh định, un an, et Cảnh lịch six ans;

Trung-tông-vỏ régna huit ans sous le chiffre Thuận bình;

Anh-tông-tuẩn régna seize ans avec le chiffre Thiên hửu, un an; Chính trị, quatorze ans, et Hùng phứơc, un an;

Les Mạc-phước-nguyện régnaient sous le chiffre Quảng bướu depuis huit ans. Mạc-mô-hiệp prit ceux de Thuận-phước, cinq ans, et de Tông cương, trois ans;

Thể-tông-nghị régna vingt-sept avec les deux chiffres Gia thái, cinq ans, et Quang hưng vingt-deux;

Mạc-mô-hiệp avait ceux de Tông cương, six ans; de Dziên-thành, sept ans; de Thoại thái, deux ans; de Hưng trị, trois ans, et de Hùng-ninh, deux ans. C'était la fin de ces rebelles, année 1595. Ils luttaient contre les Lê depuis l'an 1524.

Kính-tông-huệ régna dix-neuf ans avec les chiffres Chân-đức, un an, et Hoàng định dix-huit;

Thần-tông-uyên régna vingt-cinq ans avec les chiffres Vĩnh tô, dix ans; Đức long, sept ans, et Dương hòa, neuf, jusqu'en 1636. C'est sous ce règne que les premiers missionnaires jésuites arrivèrent dans le pays, en l'année 1624;

Chân-tông-thuận, par suite de l'abdication de son père, régna sept ans sous le chiffre Phước thái. Thần-tông-uyên, son père, reprit ensuite la couronne pour dix-sept ans encore avec les chiffres Khánh đức, cinq ans; Thạnh đức, six ans; Vĩnh thọ, cinq ans; Vạn khánh, un an. La prédication du christianisme ne lui avait pas porté malheur, comme on le voit.

Nous sommes à l'an 1650. Uyên-tông-mục, fils de Thần tông, régna neuf ans sous le chiffre Cảnh trị;

Gia-tông-mi, son frère, régna jusqu'en l'an 1675 avec les chiffres Dương đức et Dức nguyên. C'est à ce prince que se terminent les Annales éditées jusqu'à ce jour.

La succession de cette famille jusqu'à sa fuite en Chine est :

Hi-tông, fils posthume de Thần-tông, de 1675 à 1705;

Dzọu-tông, de 1705 à 1729;

Vinh-khánh, fils adoptif de Dzọu et mis à mort par le vice-roi pour ses adultères, de 1729 à 1732;

Thuận-tông, fils de Dzọu-tông, de 1732 à 1735;

Vinh-hừu, son frère, de 1735 à 1740;

Cảnh-hưng, son neveu, de 1740 à 1784;

Et enfin Chiêu-tông, petit-fils de Cảnh-hưng, chassé du Tóng-king par les Tây-shon.

Nous n'avons pas expliqué la révolte des Mạc, de l'an 1524 à l'an 1595. Cung-hoàng, arrière petit-fils de l'illustre Thánh-tông, parvint au pouvoir par les intrigues et la protection du général Mạc-dăng-dzong, qui le chassa ensuite et l'obligea à aller se cacher dans les forêts avec toute sa famille. Quelques années après, Nguyễn-dzo, autre général annamite, plaça Trang-tông-dzọu sur le trône et gouverna le pays sous le titre de Thái-sư et de Quôc-công, qu'il changea bientôt en celui de Chuá (seigneur, maître, vice-roi) que nous pouvons traduire en celui de maire du palais ou de régent. Ce grand homme, empoisonné dit-on en 1540, n'avait qu'une fille qu'il avait donnée à son plus fidèle serviteur Trịnh-kiêm, et qu'un fils, dans l'âge encore le plus tendre. A son lit de mort, il demanda au roi Trang-tông que Trịnh-kiêm, son gendre, lui succédât dans la dignité de Chúa : ce qui fut accordé. Nous verrions par l'histoire que Trịnh transmit cette dignité à ses successseurs au Tông-king, comme les Nguyễn le firent aussi en Cochinchine quelques années après.

Trịnh-kiêm cependant voyait grandir le fils de son bienfaiteur et maitre, le jeune Nguyễn-hoàng ou Doạn-công, et il craignait que, devenu capable des affaires, un parti ne se formât en sa faveur et ne le dépossédât. La sœur du jeune prince et femme de Trịnh s'aperçut de la préoccupation de son mari et, craignant pour les jours de son frère, elle lui conseilla de contrefaire le fou et l'aliéné; puis elle obtint qu'il fût envoyé dans le gouvernement des provinces conquises sur le Tsiampa à la fin du xve siècle, dans les âpres montagnes de Hué et de Tourane, frontière militaire de déportation et d'exil. C'était environ l'an 1570; Trinh-kiêm ne tarda pas à mourir.

Les Portugais établis à Macao, dès l'an 1514, par une autorisation de l'Empereur Ou-tsung, prince de la dynastie des Ming, faisaient alors un grand commerce avec la Chine et le Japon. Dès l'année 1552, époque de la mort de St-François-Xavier, on les voyait pénétrer dans tous les états voisins pour y répandre leur énergie et y assouvir leur soif de l'or. Nguyễn-hoàng, qu'un grand nombre de mandarins mécontents et d'aventuriers avait suivi dans le sud, crut l'occasion favorable pour se déclarer indépendant de la maison des vice-rois du nord. Il se déclara d'abord Chúa de Đàng-trong, comme Trịnh-tông, fils de Trịnh-kiêm, l'était de Đàng-ngoài; et enfin, Vương ou roi, sous la suprématie nominative des Lê, la maison souveraine; de sorte qu'il y eut Lê trịnh au Tông-king comme il y avait Lê-nguyễn en Cochinchine.

Ce fut vers l'an 1600 que Nguyễn-hoàng prit le titre de Vương sous le chiffre de Tiên-nguyên (immortelle source). Le P. de Rhodes, en effet, qui écrivait *ses Voyages et Missions* en 1642, affirme qu'il n'y avait pas encore cinquante ans que la Cochinchine était un royaume séparé du Tông-king et que ce grand évènement avait eu lieu.

Le prince et ses trois successeurs luttèrent avantageusement contre les Trịnh. Ils favorisèrent les étrangers, poursuivirent la conquête du Tsiampa, commencée dès l'an 1505, et ils entreprirent alors la conquête du Cambodge ou de la basse Cochinchine, que nous occupons maintenant (*).

Nous n'avons pas la série des Chúa ou régents du Tông-king de la maison des Trịnh, mais nous avons celle des rois de Cochinchine que voici :

Tiên-nguyên, fils de Nguyễn dzo, l'ancêtre des rois actuels, régna à Huế comme Chúa et comme Vương, jusqu'à l'an 1614;

Sãi vương, son fils, lui succéda et régna jusqu'en 1635;

Thương-vương, son petit-fils, jusqu'en 1649;

Hiên-vương, son arrière petit-fils, jusqu'en 1686. Le règne de 37 ans de ce prince fut illustré par la guerre avec le Tông-king et ensuite par la guerre avec le Tsiampa, dont le roi fut fait prisonnier. Hiên-tông laissa la couronne du Tsiampa à la veuve de sa victime, et se contentant de prendre la province de Phú-yên, il porta la guerre dans le Cambodge. Il est à présumer que les Portugais et les Hollandais n'étaient pas étran-

(*) Voir la traduction du Gia-dinh-thông-chi, par M. Aubaret, et l'ouvrage du P. Bouilleveaux sur l'histoire du Cambodge et l'intervention annamite dans ses affaires, depuis l'an 1658 jusqu'à nos jours.

gers à toutes ces guerres. Ils appelaient tout le Dàng-trong actuel Cochinchine, sans doute du mot Cauchy-china, que nous trouvons dans Joao de Barros qui écrivait, dès l'an 1552, sur le Ciampa. D'où cet écrivain avait-il pris ce nom? C'est encore un mystère.

Ngãi-vương succéda à son père en 1686 et régna jusqu'en 1692;

Minh-vương régna jusqu'en 1724;

Ninh-vương jusqu'en 1737;

Võ-vương jusqu'en 1765

Troisième époque.

Guerre des montagnards Tây-shon. — Fuite de la famille royale de Hué à Saigon. — Règne de Gia-long et de ses successeurs.

NOTA. — N'ayant plus les Annales pour nous guider, nous donnons toute l'histoire de la guerre des Tây-shon, d'après un manuscrit chinois que nous avons trouvé dans le pays.

En 1765, Võ-vương à son lit de mort désigna le fils d'une de ses concubines pour lui succéder, au détriment du droit d'aînesse jusqu'alors établi pour les successions au trône. Hàn nguyên ou Huệ-vương était le nom de cet enfant, qui n'avait encore que douze ans. Ce jeune prince ne pouvant régner par lui-même, se trouva complétement à la merci d'un grand dignitaire du royaume qui prit la régence et qui eut bien soin que son souverain n'eut à s'occuper que de ses plaisirs.

Cet homme fit enfermer tout d'abord dans une prison l'héritier présomptif, qui y mourut peu de temps après laissant plusieurs enfants en bas-âge, entr'autres Thàng chung dit Nguyên anh ou Gia-long; ensuite il fit tant d'exactions, il exaspéra tellement le peuple que des plaintes furent portées au Chúa du Tông-king, comme seul capable d'apporter remède à tant de maux.

Trịnh, le Chúa du nord, saisit cette belle occasion d'envoyer dans le sud une armée de Tong-kinois et d'y porter ainsi la destruction et le pillage comme vengeance de tous ses griefs antérieurs contre les Nguyễn et la Cochinchine.

En même temps une insurrection terrible éclatait dans la province de Bình-dịnh ou Qui-nhon : c'était celle des Tay-son, dite des montagnards de l'ouest, dont nous allons voir les auteurs chasser les Tong-kinois de Cochinchine, massacrer les deux familles de vice-roi Trịnh et Nguyễn, obliger le dernier des Lê à s'enfuir en Chine et enfin régner jusqu'en 1802, c'est-à-dire tout le dernier quart de ce siècle.

Les Tây-son ou montagnards de l'ouest étaient une famille de commerçants d'arèque, originaire de Bình-dịnh; Nhạc, l'aîné (Nguyễn-văn-nhạc), était un des secrétaires de l'administration de cette province : aussi l'appelait-on Bien-nhạc; Thùng (Nguyễn-văn-huệ), plus tard surnommé Long-nhương puis Đông-dịnh et enfin Quang-trung était le cadet. Ces deux frères s'étaient unis d'une intime amitié à un homme très-puissant et très-riche de leur parenté qui s'appelait Huyền-khê ou Nguyễn-văn-lữ qui fournissait à toutes les dépenses de la guerre et qui plus tard devint chef des bonzes ou Hoà-thượng de la basse Cochinchine.

Par suite des exactions des mandarins du palais et par suite de l'invasion Tong-kinoise, ces trois hommes se formèrent promptement un parti puissant, qui grossit de jour en jour par le recrutement de ce qu'il y avait de Chinois et de brigands sur la côte; au troisième mois de l'année qúi-tị ou 1773, ils descendirent de leurs montagnes; ils déployèrent un étendard sur lequel étaient écrites ces quatres lettres : Tây-son-thượng-tạc, *guerre des hauteurs des montagnes de l'ouest*, et, armés de bambous aiguisés et de torches, ils se jettèrent sur Qui-nhon, la ville du chef-lieu. Cette ville, surprise, tomba en leur pouvoir avec tous ses magasins et tous ses navires et ce fut en vain que le gouverneur Nguyễn-khac-tuyên voulut résister : il fut obligé de battre en retraite et de s'enfuir jusqu'à la capitale.

Le gouvernement du roi se pressa d'envoyer le Tả-quân-dzọu avec trois mille hommes de troupes pour reprendre le département; mais Tá-quân-dzọu n'éprouvait que des revers, quand au huitième mois de cette année on apprit l'arrivée en Bồ-chánh de l'armée Tong-kinoise, forte de 3,000 hommes, et commandée par le général, dit Lão-dzịep. On envoya aussitôt les généraux Túy et Hiễn avec 3,000 hommes d'avant-garde pour s'opposer de ce côté à l'invasion.

Túy alla s'établir dans les vieux restes du fort de Cổ-thành, à 30 lý ou 3 lieues des postes ennemis; mais le fort devenant de plus en plus bloqué par les Tong-kinois, Túy, très-inquiet, se mit à boire beaucoup de vin pour noyer ses soucis, dit la chronique. Pendant une nuit très-obscure, il fut surpris dans son ivresse; le feu prit à ses campements et il n'eut que le temps de tirer son sabre, de monter sur son éléphant et de sortir du fort pour combattre : Lao-dzịep son adversaire le tua d'un coup de fusil.

Au commencement de l'année suivante (giap-ngọ, 1774), la malheureuse cour des Nguyễn se réunit en grand conseil à Phủ xuân, dans l'intérieur du palais. Le grand dignitaire Pháp công et les grands mandarins militaires exposèrent le triste état du royaume au sud et au nord, par suite de l'insurrection Tây-son, de l'invasion Tong-kinoise, du découragement complet des populations et de l'impossibilité de trouver quelqu'un qui put lutter contre tant de maux réunis à la fois. Tout le palais était muet et sans paroles et le roi, changeant de couleur, se retira dans l'intérieur de ses appartements, où il ne put trouver de repos.

Pour surcroît de malheur un personnage de la cour et proche parent du roi, sortit de la ville pour se rendre à la cour du Tong-king et informer Trinh en détail de l'état de perdition dans lequel se trouvait la cour des Nguyễn. Trinh, sans perdre de temps, donna ordre à son général Lão-dzịep de pousser les choses à l'extrême et de marcher sur la capitale.

Lão-dzịep étonné d'un pareil ordre et craignant apparemment le soulèvement des populations, usa d'un stratagème et fit mettre sur son étendard les quatre lettres : dzật-trình phù-lê, qui veulent dire : *éloignement des Trinh, restauration des Lé.* Il s'avança alors précipitamment sur Phủ-xuân ou Hué. En vain Hiền, avec les restes de l'armée de Túy, s'opposa à son passage : il ne put gagner qu'avec peine la citadelle de Quang bình où il s'enferma et d'où il ne put bientôt plus sortir.

A la nouvelle de cet évènement, le roi fit venir son plus fidèle capitaine, Trương-phước-dịnh, et il lui donna l'ordre de préparer une forte barque, remplie d'or, d'argent et des choses précieuses du palais, pour aller l'attendre au bas de la rivière. Le lendemain, apprenant la défaite complète de Tà-quân-dzọu par les Tây-son au Bình-dịnh et le retour de ce général à Hué, il dit avec l'accent de la plus profonde tristesse : « Voilà que le royaume est rempli de troubles, que les populations se divisent et que nous ne pouvons plus protéger nos temples et nos palais ! » Le soir il s'enferma dans le palais avec toute sa famille et il dit en sanglotant : « Notre règne est en proie à deux guerres à la fois, beaucoup de nos gens ont péri; trois de nos généraux sont battus. Nous ne pouvons protéger ces palais et garder cette ville abandonnée : il nous faut la quitter pour gagner Gia-dịnh, et là attendre des temps meilleurs. »

A ces mots le roi jetta un grand cri et, tout-à-coup, Pháp-công vint annoncer que les Tong-kinois et Lão-dzịep étaient à Cửa-yêu, l'embouchure de la rivière, qu'ils y mettaient tout à feu et à sang et que les populations s'enfuyaient partout à leur approche ; qu'il fallait vite prendre une décision et qu'il n'y avait pas de temps à perdre. Le roi, saisi de crainte, sortit du palais avec toute sa famille pour descendre en barque; mais peu loin de là il fut arrêté par Lão-dzịep qui le mit à mort sur le pont même de sa galère royale. Tout ce qu'il y avait de troupes fut alors dispersé ou massacré et la capitale tomba au pouvoir du vainqueur. D'autres versions nous disent que Hán-vương ou Huệ-vương s'enfuit à Saigon, où il fut obligé d'abdiquer en faveur de l'aîné de ses deux neveux, fils de son frère aîné mort en prison à Huê. Il n'aurait donc pas été mis à mort par Lão-dzịêp. Quoiqu'il en soit, quinze et quelques personnes de sa famille parvinrent alors à échapper aux Tông-kinois : c'étaient le prince Tàn-chánh, ses frères Thang-chủng (Nguyễn anh ou Gia-long) et Thiều-phó huy, les princes Hoàng-mân, Hoàng-huình, Hoàng-đê, Hoàng-bá ou Thiều-giác, Hữu-phủ-kinh, les princesses Nghi-giang et Thị-xoay, la reine-mère et les petits princes Hoàng-đồng, Hoàng-dziễn et d'autres personnages, tels que Hữu-cường, Tà-côc et Tà-quân-dzọu. Après avoir gagné le large, tous purent arriver à Già-định à l'exception cependant de Tà-quân-dzọu, qui disparut dans le coup de vent qui eut alors lieu.

A la nouvelle que les Tông-kinois entraient à la capitale et que le roi venait de tomber entre leurs mains, Nhạc, l'aîné des Tây-shon, entra dans une grande colère et dit : « Le Chúa vient de tomber entre les mains des Tong-kinois et d'en être la victime; le ciel sera son vengeur. Dziep est un héros, moi je ne le suis donc pas? Mais nous et notre armée nous détruirons les Tong-kinois et nous reprendrons Kim-thành pour pacifier le monde. »

En effet, les Tây-son divisèrent leur armée en cinq corps de troupes, préparèrent des armes, des approvisionnements, des éléphants, des chevaux et marchèrent sur la capitale. A cette nouvelle, Lao-dzịêp rassembla ses capitaines et leur dit : Les Tây-son viennent nous disputer Phủ-xuân : qui de vous osera leur résister et combattre? On lui répondit : Leur armée est immense et aguerrie; mais la victoire dépend du décret du ciel : pourquoi le craindre? Dziep ouvrit donc les portes de la ville pour faire une sortie. Nhạc ayant ordonné à Thùng d'accepter le combat, dès la cinquième mêlée, dit la chronique, Dziệp descendit de son éléphant pour prendre la fuite; mais Thùng arriva sur lui et à la troisième passe l'étendit mort à ses pieds et lui coupa le corps en deux morceaux. Ce fut le signal de la défaite de l'armée tong-kinoise, qui prit la fuite dans toutes les directions et qui fut horriblement massacrée. Les Tây-son entrèrent triomphalement dans la ville et tout le monde, grands et petits, vint se soumettre à eux; c'était au commencement de l'année bình-thân ou 1776, d'après la chronique que nous suivons.

Au cinquième mois, Nhạc prit le titre de roi et le chiffre de Quang-tông (qui fut changé plus tard en celui de Thái-đức). Il nomma Thùng ou Huệ, son frère, long nhương đại tướng quân ou grand chef des dragons de la terre rouge; Huyền-khê fut établi second chef et le général Kim, tư-khấu ou chef du tribunal de l'insurrection.

Au septième mois, il ordonna à Long-nhường de prendre 5,000 hommes d'avant-garde, à Huyền-khê 3,000 marins et à Tư-khấu-kim 2,000 hommes d'arrière-garde, pour porter la guerre au Tong-king. Long-nhường, secondé par un mandarin de la province de Xư-nghệ, s'avança triomphalement jusque sous les murs de Ké-chợ, la grande et vieille capitale des Lê. A son approche le Chúa-trịnh, épouvanté, assembla son conseil et dit : « Les Tây-son viennent avec de très-grandes forces par trois routes différentes pour nous attaquer. Que faut-il faire? ». Les mandarins répondirent : « Voilà que notre cour est affaiblie et, s'il en est ainsi, il convient que vous, grand roi, vous fassiez votre soumission pour la paix des peuples. »

Trịnh, ainsi fixé sur les dispositions du pays, sortit au devant de Long-nhường pour lui offrir la ville et tout son territoire. Un autre version dit que Trịnh se donna la mort pour ne pas survivre à son déshonneur. Quoiqu'il en soit, Long-nhường entra en ville avec toute son armée et s'y établit en maître.

Ainsi donc dans cette même année, 1776, les Tây-son se trouvèrent occuper les deux capitales du royaume, celle des Lê Trịnh et celle des Nguyễn.

A Hué les Tông-kinois avaient chassé la famille royale en l'obligeant après la perte de son chef à aller chercher un refuge à Saigon. A Ké-chợ le Tay-son, Long-nhường respecta le vieux reste d'une souche illustrée par plus de trois cents ans de règne. Il laissa s'éteindre de sa belle mort le vieux Hiến-tông, Cảnh-hưng, qui ne tarda pas à laisser le trône à son fils Chiêu-tông, dont Long-nhường se fit même donner en mariage la fille. Toutefois, Chiêu-tông voulut s'échapper des mains de son vainqueur et il parvint à gagner la Chine pour aller implorer la commisération de l'Empereur Càn-long, alors régnant.

En 1777, année dinh-dậu, dès le premier mois, Long-nhường envoya des courriers à Nhạc pour l'informer de ses succès et des dispositions du pays « sur lequel, disait-il, il régnait comme sur une frontière déserte. » Nhạc aussitôt fit un décret pour nommer Long-nhường roi de Bao-long et de Long-thanh et pour augmenter en grades tous ses chefs; puis il ordonna à Lưu-thư-hoà de visiter tous les ports de la côte, de veiller sur la mer du large et de commencer les préparatifs d'une expédition en Gia-định, afin d'y détruire les derniers restes de la famille royale et par là couper court aux préoccupations de l'avenir.

En effet, la famille royale, que nous avons vue s'échapper de Hué avec si grande peine, vivait en paix à Gia-định, après mille péripéties qu'il est trop long de raconter. Elle avait fait réparer cette ville où elle recrutait une armée et où elle établissait des approvisionnements de toute sorte. Les nombreux chinois qui d'abord s'étaient unis aux Tây-son et qui ensuite leur avaient tourné le dos, en prenant par opposition le nom de dông-son (montagnards de l'est), s'étaient aussi retirés à Gia-định, au nombre de 3,000 hommes avec leurs chefs, pour se mettre sous les ordres de Phương-công, le protecteur de cette famille royale.

Au premier mois de l'année kỷ hợi, 1779, la nouvelle que la flotte des Tây-son était mouillée à Vụng-tàu et à Can-giờ; et que leur armée débouchait de tous côtés par terre, vint troubler Saigon. Le corps de troupes commandé par Tả-mân était en déroute. Phuong-công et les Dông-son, qui arrivaient à son secours, furent aussi battus et les Tây-son montaient la rivière jusqu'à Gia-định, comme un feu violent que le vent pousse devant lui et que rien n'arrête. La famille royale n'eût que le temps de s'enfuir à Mitho avec environ 500 hommes de garde. Les généraux de Nhạc, après avoir mis en déroute les postes de Cà-trê et de Thủ-thiêm et après avoir rompu l'estacade où deux princes se noyèrent avec presque tous leurs gens, entrèrent triomphalement à Gia-định comme Nhạc était entré à Hué et comme Long-nhường était entré à Ké-chợ les années précédentes. C'en était fait ce semble des trois familles royales.

Cependant Phương-công ne se découragea pas et, pendant le reste de l'année, il rallia de nouveau les Dông-son et parvint à réunir sous le nom de ứng ngài une armée d'environ 5,000 hommes, qu'il divisa en cinq corps d'attaques pour reprendre Gia-định. Au commencement de l'année 1780 (canh tí), il donna ordre au chinois Tap-dinh-hậu, commandant des Trung-ngai, de s'avancer avec mille hommes en avant-garde; à Chuong-qui de former l'aile gauche avec mille hoà-ngái; à Chuong-da de former l'aile droite; à Trang et à Giác de former l'arrière-garde avec mille hommes et chevaux, et à Chât et Hồ de se tenir au centre avec ce qui leur restait d'hommes et de cavaliers. Il arriva ainsi à Saigon pendant une nuit très-obscure par cinq côtés à la fois.

On dit que les Tây-son ne s'attendaient à rien moins qu'à une semblable attaque, et ce n'est qu'à la quatrième veille qu'ils eurent la nouvelle de l'arrivée des Dông-son, du massacre qu'ils faisaient de leurs avant-postes et du feu qu'ils mettaient partout. Ils étaient déjà au sein de la place et toute résistance était devenue désormais impossible. La terreur se répandit alors parmi eux : ils prirent la fuite dans toutes les directions avec la plus extrême confusion; ils essayèrent de regagner leurs barques et leurs navires, mais ils étaient poursuivis trop vivement : ils furent obligés d'abandonner tout au vainqueur, et il n'y eut que peu d'entr'eux qui réussirent à se sauver par la voie de terre en regagnant Bình-thuận.

Phương-công, dit la chronique, devenu maître de Gia-định après un coup de main si vigoureux et si bien réussi, se fit craindre partout, comme le tigre qui poursuit un troupeau de chèvres, et il afficha aussitôt des prétentions royales. Toutefois il s'empressa de rappeler les princes de Mitho et il se porta au devant d'eux, à l'entrée de l'arroyo chinois. Une grande joie éclatait au sein de la population, et le roi dit à Phương-công : « C'est grâce à Votre Seigneurie que Gia-định est repris, sans vous nous n'aurions pas cette terre de Gia-định. » Phương se mit à rire et dit insolemment : « Que ce soit par l'ordre de Votre Majesté ou par Phương-công, comment le saurais-je? »

Dès le lendemain un grand conseil de cour se réunit au temple de Kiêm-chương (première pagode de celles dites des Mâres) pour demander au roi Tân-chánh que le prince Thang-chủng (ou Nguyên-anh, plus tard Gia-long), son frère, fut élevé à la dignité de nguyên-soái, ou commandant en chef. Le roi y consentit et, entouré de tous les grands de sa cour, il lui conféra ce titre et lui remit tous les cachets du gouvernement. Depuis lors, Tân-chánh disparaît comme son oncle Huệ-vương et on ne le retrouve plus nulle part.

NOTA. — Cette année-là même deux navires anglais, envoyés du Bengale, offrirent leurs services à Nguyên-anh qui les refusa. L'année suivante il s'embarqua sur trois navires portugais, qui le conduisirent à Qui-nhon en Bình-dinh; mais il échoua complètement et il fut obligé de revenir à Saigon.

Cependant Phương-công affichait de plus en plus ses prétentions et il forçait, dans l'intérieur même du palais, une sœur du roi, la princesse Thị-xoay, à vivre en concubinage avec lui. Le roi, résolu de le mettre à mort, l'invita à venir le voir, en même temps qu'il ordonnait à tous les princes de se tenir autour de lui avec leurs armes cachées. Phương-công entra avec son insolence ordinaire et alla se coucher sur une estrade de la chambre d'où il appela Thị-xoay, pour lui arranger sa chevelure. Thị-xoay obéit : et aussitôt, faisant un tour des cheveux de Phương au pied de l'estrade, elle fit un signe aux princes entourant le roi, qui se précipitèrent sur leur victime. Ainsi périt ce général redouté, le seul capable alors de résister aux Tây-son et d'en imposer aux Chinois Dông-shon, plus avides de commerce et de brigandage qu'attachés véritablement à un parti quelconque. Ce fait avait lieu en l'année tân sửu, ou 1781.

Aussitôt après la mort de Phương-công, on réunit tous les chefs des Dông-shon pour leur faire part de cette exécution et des raisons qu'on avait eues de la faire. Les Dông-shon d'abord saisis de crainte acceptèrent avec soumission le fait accompli et demeurèrent tranquilles; mais peu à peu ils se débandèrent pour faire des partis dans le pays et, en 1783, nous les voyons ralliés de nouveau à la cause des Tây-shon.

En quí mẹo (année 1783) en effet, par suite de la mort de Phương-công, l'ennemi le plus redouté, et par suite de la dispersion des Dông-shon, Nhạc, l'aîné des montagnards, envoya de Bình-định, une armée de dix-mille hommes en Gia-định. Cette fois elle était commandée par Long-nhường, son frère, et non plus par des généraux plus ou moins capables. Le grand guerrier de l'époque s'avança donc à pas précipités sur la province de Dông-naï. Tout céda à son approche : Gia-định ouvrit ses portes et la famille royale fut obligée de se réfugier encore à Mitho; mais cette fois Mitho n'était plus tenable et il fallut aller demander un abri aux passes de Hà-tiên, aux îles du large et même à Siam pour plusieurs années.

Long-nhường, par la prise de Gia-định, se trouvait maître de toute la basse Cochinchine. Car cet homme n'était pas seulement un guerrier, il était en même temps un très-bon administrateur et, bien différent des généraux envoyés par Nhạc la première fois, il sut tenir partout le pays dans sa main par des postes bien établis, soit à terre, soit sur les cours d'eau et la côte et par une discipline sévère, en même temps que bienveillante pour les populations. Nhạc, apprenant avec la plus vive satisfaction ses succès, lui envoya pour le récompenser le brevet de roi consort (đông định vương).

Mais des évènements très-graves rappelèrent quelques années plus tard Long-nhướng au Tông-king, et en 1789, année kỷ dzậu, il eut à combattre l'armée chinoise qui envahissait le nord. Càn-long, l'empereur de Chine, envoyait vingt mille hommes replacer Chiêu-tông, fils de Cảnh-hưng, le dernier roi Lê, sur le trône.

Cette armée, que l'édit impérial disait innombrable et qui avait ordre de raser les montagnes et d'étancher la mer, arrivait sur la frontière des anciens Bá-việt. Long-nhường, sans s'étonner, s'avança contre elle avec ses gens aguerris par tant de batailles. Il la tailla en pièces et il en poursuivit les débris jusques sous les murs de Canton. C'est de là que cet homme habile et désolé en apparence d'avoir remporté un tel succès, osa écrire à l'Empereur de Chine une lettre pleine de soumission, dans laquelle il se plaignait amèrement d'avoir été traité en sujet rebelle et d'avoir ainsi causé la perte d'une armée si vaillante, envoyée contre lui dans des lieux malsains et dénués de toute ressource.

L'Empereur de Chine, sans doute préoccupé de ses guerres du Kou-koonnor et de bien d'autres affaires, trompé d'ailleurs par les Lê qui lui avaient fait croire à un soulèvement général du pays en leur faveur, qui n'était qu'imaginaire, l'Empereur de Chine, dis-je, accepta les termes de la lettre de l'hypocrite vainqueur et il lui envoya le titre de vassal illustre et fidèle (quang-trung). Quelque temps après il lui donna, sous ce titre, l'investiture de la royauté d'An-nam, à l'exemple des grandes dynasties d'autrefois : cela en 1792.

Depuis lors les Lê sont effacés des archives de Pêking et ainsi fut détruit le grand fantôme de plusieurs siècles. Ce qui reste des Lê maintenant est, on peut le dire, partout et nulle part : chaque année des partis s'agitent en leur nom dans les provinces du nord, justement parce qu'ils sont introuvables. C'est toujours au moment que le riz renchérit et que la misère augmente, que les mouvements ont lieu pour se traduire en vols et en rapines, en buffles, en riz et en argent. Si un véritable Lê sortait des forêts sur le vieil éléphant à anneaux d'or qui attend encore son retour à l'entrée de Bác-ninh et de Kẻ-chợ, tous les chefs actuels, désolés, s'éverturaient à prouver que ce n'est pas lui.

Nous oublions donc les Lê avec la Chine pour ne nous occuper plus que des Nguyễn, les rois de Cochinchine, dont la nouvelle souche est Gia-long.

Lors de la seconde prise de Saigon par les Tây-son, en qui mẹo ou 1783, nous avons laissé la pauvre famille royale des Nguyên errante à Mitho et dans les îles de la passe de Siam. Nhạc régnait à Hué sous le nom de Thái-đức et Long-nhường à Kéchợ sous le nom de Bảo-long, en même temps qu'il gouvernait Gia-đinh et toutes ses provinces sous le nom de Dông-dịnh. Plus tard nons l'avons vu prendre celui de Quang-trnng, sous lequel il est connu partout.

Cette même année, 1783, Nguyên-anh confia son fils à Mgr d'Adran, qu'il avait rencontré sur l'indication des pêcheurs, fuyant comme lui dans le golfe de Siam l'approche des Tây-son; puis il laissa sa mère et une partie des princes à Phú-quôc, et il envoya une ambassade à Siam pour demander des secours, qu'il se disposait à aller bientôt chercher lui-même. Cette ambassade, composée de deux de ses parents, le Giám-quôc-thoại et le Châu-tiêp-công, portait au royaume de Siam une lettre et des présents : un sabre d'or, un drapeau rouge et un lingot d'or.

On connait l'état dans lequel se trouvait alors le royaume de Siam. Après l'invasion des Birmans et la destruction d'Ajuthia, le chinois Pin-tack avait relevé le trône siamois en prenant pour lui la couronne, sous le titre de Phaya-tak. Cet homme, devenu atrabilaire et cruel sur la fin de ses jours, fut assassiné en 1782 par Cha-kri, gouverneur du Cambodge et de Kan-kao, qui survécut peu à son attentat, mais qui laissa cependant la couronne à son propre fils.

C'était donc en ces temps-là que l'ambassade de Nguyên-anh arriva à Siam. Thoại et Tiêp-công saluèrent, dit la chronique, le roi Nhì-phật, qui avait réuni sa cour avec beaucoup de solennité et qui, manifestant une grande joie, donna aussitôt l'ordre d'envoyer 3,000 hommes, recrutés surtout parmi les Cambodgiens, à Nam-vang et à Sadek.

Cette armée siamoise commit de telles atrocités parmi les populations annamites, qu'elle nuisit beaucoup à la cause du roi et que les Tây-son n'eurent pas de peine à la tailler en pièces et à la détruire complètement.

Gia-long fut désespéré de la conduite des Siamois et des revers qu'elle s'était ainsi attirés; il pensait à aller chercher du secours à Batavia ou à Goa, quand Mgr d'Adran combattit sa résolution et l'engagea à invoquer l'appui du roi de France : ce à quoi il consentit en envoyant ce digne prélat à la cour de Louis XVI avec son fils Canh-duệ, alors âgé de 6 ans.

De son côté, le roi de Siam, irrité de cet échec, fit garder à vue les ambassadeurs de Gia-long et, quelque temps après, i l'envoya chercher à Côn-nôn (Poulo'Condor) lui-même, pour le faire comparaître à sa barre plutôt que pour lui témoigner quelqu'intérêt.

Dans la réception qu'il lui fit, il l'accusa de trois griefs principaux : 1º d'avoir fait le brigandage contre toutes les lois de l'humanité et de l'éducation ; 2º d'avoir arrêté l'ambassadeur siamois qui allait en Chine porter les présents triennaires d'usage ; 3º d'avoir témoigné un cœur double en envoyant son fils en France demander des secours.

Gia-long fut profondément ému d'indignation à l'audition de pareils reproches et il y répondit avec beaucoup de dignité. Cependant il ne put retenir ses larmes : le roi de Siam lui demanda alors s'il avait donc peur de mourir. — Oh ! non, dit Gia-long. — Pourquoi donc ne la craindriez-vous pas ? répliqua le roi Nhì-phật. A ces mots Gia-long, ne pouvant plus se contenir, tira son épée et la tournant vers les princes de sa famille présents, il s'écria en sanglotant : « Pourquoi m'avez-vous suivis ? Comment avez-vous espéré que je relèverais le trône de nos ancêtres et que vous jouiriez encore de vos titres et de vos honneurs ? Qui a pu penser que, venu à Siam pour demander l'appui d'un ami, les choses en arriveraient à ce point ? Vous allez tous mourir de ma main et je vous suivrai ensuite : n'est-ce pas là la religion des souverains et de leurs sujets ? Serait-il dit qu'il faut la main de Nhị-phật pour nous égorger ? »

A ces mots il s'élança sur les princes ; mais Nhị-phật, descendu précipitamment de son trône, l'arrêta à temps. Depuis lors, Nguyễn-anh et sa famille purent vivre en paix à la cour de Siam, mais sans attendre aucun secours probable. Les années 1785, 86 et 87 se passèrent ainsi dans l'inaction et les soucis. Nguyễn-anh faisait tout son possible pour gagner l'affection du roi Nhị-phật, et pour cela il prenait part à toutes ses guerres contre les Malais, les Pégouans et les pirates.

Enfin en mô thân (1788) on reçut la nouvelle que le roi de France avait reçu la lettre de Nguyễn-anh et fait un traité de paix avec le Đông-cung, son fils ; qu'il envoyait le commandant An-tông-sởi ou le dux Antoine avec 3,000 hommes de troupes et 50 navires, et que l'évêque d'Adran et les cinq princes de sa suite ramenaient le Đông-cung sain et sauf. Quelque temps après, en effet, on vit paraître An-tông-sởi qui, n'ayant pas trouvé Nhuyên-anh à Phú-quốc, avait pris une barque pour venir à Siam.

An-tông-sởi entra familièrement dans le palais et demanda au roi de Siam (qu'il obligea de quitter son trône, sur lequel il s'assit lui-même) où était le roi d'Annam. Il s'emporta violemment de ce que depuis tant de temps Nhị-phật n'avait pu encore être d'aucune utilité à ce prince et, enfin, il demanda si Nguyên-anh avait donc des dettes bien considérables pour être retenu si longtemps. Là-dessus il salua le roi en lui fixant trois jours pour faire ses préparatifs de guerre.

Nhị-phật fut tout à fait interdit d'une pareille démarche : il était humilié devant toute sa cour et il résolut de s'en venger en brûlant vif Nguyên-anh et toute sa suite. Le soir en effet, à la tombée de la nuit, on cerna le logement des princes et on y mit le feu; mais Nguyên-anh parvint à s'échapper à la faveur des ténèbres, et après avoir gagné les forêts puis le rivage de la mer, il eut le bonheur de trouver la jonque du chinois Luận, qui lui avait déjà sauvé la vie dans une autre circonstance. Il la prit et gagna aussitôt les parages de Ca-mau où Luận avait des intelligences avec les chefs Tây-son, qui y commandaient. Dès lors la fortune de Gia-long était assurée : il n'y avait plus en basse Cochinchine que des généraux subalternes des Tây-son; le bruit des secours envoyés par la France pénétrait partout et puis, d'ailleurs, le souvenir d'une vieille dynastie déchue qui se relève fait toujours de l'impression sur les peuples.

Les chefs Tây-son de Ca-mau et de Hà-tiên firent aussitôt leur soumission. On vit reparaître les princes Tả-thủy-cốc, Hữu-thủy-cuông et la princesse Nghi-giang, sœur de Nguyên-anh; on alla chercher la reine-mère à Phú-quốc et le roi put aller s'établir à Nước-xuây avec un corps de troupes déjà considérable et un entourage de bons et fidèles serviteurs, dont les officiers français relevaient fortement le moral et la valeur.

L'inquiétude devait être suffisamment éveillée chez les grands chefs Tây-son, qui commandaient à Gia-định. Les généraux Sâm et Hâm se portèrent aussitôt avec mille hommes et des barques sur Sa-đek, pour attaquer Nước-xuầy; mais pendant trois mois ils ne purent obtenir aucun résultat, de sorte que Gia-long, craignant que l'armée de Dong-định campée à Biên-hoà ne vint leur porter secours, se résolut à les attaquer vigoureusement et à les chasser de Sa-dek. Le nommé Dũng fut l'homme de la circonstance : il put prendre le mot d'ordre du poste pour y entrer et y mettre le feu pendant la nuit. La déroute des Tây-son fut complète et Gia-long se trouva ainsi maître d'une grande quantité d'armes, de provisions et d'une cinquantaine de barques de guerre. En mémoire de ce fait, il fit aussitôt élever à Sa-dek un temple consacré à la mémoire des hommes illustres qui avaient succombé dans la guerre.

Pendant que les Tây-son, battus à Sa-dek, se repliaient sur

Saigon, Gia-long envoya prendre Long-hồ et se porta sur Nha-mân où il fit intercepter les deux routes de Trà-on et de Mân-thít; mais les Tây-son firent un retour offensif sur Lông-hồ; ce qui obligea le roi à se reporter sur eux avec les sept mille hommes de troupes dont il disposait déjà. La défaite des Tây-son fut encore terrible et le roi, maître de tout le haut pays, gagna Ba-rai où il s'établit solidemment pour s'emparer de Mitho. C'est là que vinrent le trouver, avec trois cents hommes choisis, deux anciens chefs militaires de l'armée du fameux général Phương-công; c'est là aussi que l'on retrouva les princes Thiều-phó-huy, Quảng-nam-lân et Quốc-thúc-thang, égarés depuis le séjour du roi à Siam; c'est là enfin que le roi fit mettre à mort le fils d'un médecin nommé Y, qui se disait chúa-công ou régent du royaume. Nguyên-anh ne tarda pas à se porter ensuite sur Tha-lột : ce qui obligea les Tây-son à reprendre la mer et à abandonner le fort d'entrée de Mitho.

L'année suivante en kỷ-dậu, 1789, pendant que Long-nhượng battait les Chinois au Tông-king, trois chefs de l'arrondissement de Gò-công, province de Gia-định, les nommés Võ-tịnh, Trâm-lượng et Trương-tô se soulevaient contre les Tây-shon. Après avoir battu et tué leur général, nommé Uyên, ils amenèrent au roi mille hommes bien armés et aguerris : ce qui permit d'établir une forte croisière dans la petite passe de Mitho, jusqu'à Pulo-Condor.

Ainsi la fortune du roi s'accroissait et s'asseyait de jour en jour, et on pouvait penser à attaquer Gia-định avec succès, quand une circonstance inespérée vint encore en faciliter les moyens.

Un transport des Tây-son, monté par un grand chef, nommé Mang-huệ, et battu par la tempête dans les parages de Pulo-Condor, vint à tomber au pouvoir de la croisière avec tous les objets envoyés de Bình-định pour récompenser les troupes de la basse Cochinchine. Le grand chef fut tué avec la plupart de ses gens; mais sa femme, nommée Thị-lộc, parvint à s'échapper du massacre de l'équipage et de l'incendie de la jonque. Cette femme, emportant avec elle sa boîte de bijoux et celle qui contenait les papiers et les cachets de son mari, fut conduite au roi qui aussitôt découvrit en elle un moyen à peu près sûr de brouiller à tout jamais ensemble les chefs Tây-son de Biên-hòa et de Gia-định.

On contrefit deux lettres par lesquelles on nommait d'une part Sạm gouverneur général des provinces du sud, et de l'autre on le prévenait que le général Đông-định, de Biên-hòa, voulait se faire roi et avait déjà pris ses mesures pour mettre à mort tous les autres chefs. Sur ces deux lettres on apposa les cachets de Mang-huệ et on fit le thème à Thị-lộc, qui l'accepta, avec toutes les promesses d'avenir qu'on lui fit alors.

Cette femme ayant gagné Gia-định, alla se jeter aux genoux du général Sâm, auquel elle raconta ses malheurs et auquel elle remit les papiers qu'elle avait pu, dit-elle, sauver du naufrage. A la lecture des papiers, Sâm bondit de colère et, sans plus tarder, il donna des ordres pour marcher sur Bien-hoà et attaquer son ennemi ; il ne tarda pas à se mettre en marche lui-même : de sorte que le roi, qui s'attendait à la chose, pût s'avancer vivement sur Gia-định, s'en emparer sans coup férir et y entrer triomphalement aux applaudissements de la population.

On était alors au quatrième mois de l'année et, par une coïncidence bizarre, Gia-long entrait à Saigon en même temps que le Tây-son, Long-nhường, rentrait à Ké-chợ victorieux de l'armée chinoise envoyée contre lui.

Après un long temps d'exil et de soucis, Gia-long régnait donc enfin sur toutes les provinces du sud et tout le monde se livrait à la joie d'un succès si inespéré. Le Đông cung et Mgr d'Adran vinrent y prendre part avec An-tông-sởi, et on commença à rebâtir la citadelle afin de se bien garder et de ne pas perdre le fruit de tant de peines. Pour surcroît de joie, le 22 de ce quatrième mois les gens du palais annoncèrent à Gia-long que Đức-cô-nhì, sa concubine, venait de mettre au monde un prince : c'était Minh-mạng. — Il venait de naître au carrefour qui est derrière la citadelle, sur le territoire de Tân-định et à l'endroit actuel de la pagode Barbet, que Minh-mạng fit élever plus tard sous le titre de Khai-tường (aurore de présage), en mémoire de sa naissance dans des circonstances si heureuses. — Le lendemain, le grand chef des Tây-sơn, le général Sâm, victime de sa trop grande confiance en une femme, vint faire sa soumission avec toutes ses troupes. Gia-long ne se sentait pas de joie : il prédit que le prince nouveau-né serait un héros et depuis lors le Đông-cung, élève de Mgr d'Adran, commença à perdre de jour en jour, jusqu'à sa mort, que nous verrons bientôt, le prestige de son titre de prince héréditaire et d'ambassadeur à la cour de France.

Les années 1790, 91 et 92 se passèrent en travaux d'organisation et de fortifications. Le chef du premier corps d'armée, le général Dũng, vu le manque de saumure et de poisson pour les troupes, demanda au roi d'aller s'emparer de Phan-thiết qui est sur la côte du Bình-thuận, alors occupée par les généraux

Tây-son: Tường et Trình; Dũng n'eût pas de peine à s'emparer de cette position; mais il fut bientôt bloqué et réduit à une grande extrémité, de telle sorte que le roi fut obligé d'envoyer le chef du troisième corps Võ-tính à son secours. Les Tây-son se retirèrent; mais Dũng, délivré ainsi de leurs mains, refusa de recevoir Tính et s'apprêta à la défense en cas qu'il voulut s'avancer jusqu'à Phan-thít. Tính ayant appris les ordres du roi à cet égard, se retira et revint sur Gia-định; mais il n'était pas éloigné de là, que Dũng fut de nouveau bloqué et que ne pouvant plus obtenir de secours, il fut obligé de faire une sortie pour s'ouvrir un passage jusqu'aux forêts, où il n'arriva qu'avec très-peu des siens et où il mourut misérable quelque temps après.

En qúi sửu, 1793, un envoyé des Nhạc était arrivé en secret à Gia-định pour s'entendre habilement, avec le général Sâm, sur le temps et les moyens d'attaquer le roi dans sa nouvelle capitale. Cet envoyé fut découvert, ses papiers furent saisis et Sâm eût la tête tranchée pour l'avoir logé et caché chez lui, dans la citadelle même. Cette circonstance hâta les préparatifs de troupes, d'approvisionnemenis et de barques, que l'on disposait déjà pour porter la guerre en Bình-định et à Huê.

Dès les premiers jours de l'année suivante (giáp dần, 1794), les quatre chefs de corps partirent avec 5,000 hommes et 300 barques pour s'établir à Bình-thuận, Nha-trang et Manthít, d'où ils chassèrent les Tây-son. Le roi ayant là rejoint ses troupes, on s'avança jusqu'au Bình-định où il fallut en venir aux mains avec un corps de troupes considérable, commandé par Kim-điềm. Kim-điềm parvint à tuer d'un coup de perrier le général d'avant-garde de Gia-long, nommé Dác; mais toutefois il fut mis complètement en déroute et comme le roi le fit poursuivre avec une grande vivacité, on arriva jusques sous les murs de la citadelle de Diên-khánh, où toute l'armée royale entra presque sans coup férir et dans laquelle le roi s'établit pendant que sa marine, composée d'environ 300 navires, pénétrait dans la rivière et venait ainsi donner les moyens d'enlever les richesses immenses de cette place. Les Tây-son se retirèrent avec leur marine à l'embouchure de Gành-duyên; mais ils y furent poursuivis et battus aussi bien qu'à Chợ-giá, où ils s'enfuirent en désordre et où ils furent attaqués par le fameux général de Gò-công, Hậu-quân-tính, pendant que cinq corps de troupes coupaient partout la retraite; que Lê-văn-duyệt (plus tard le fameux Tả-quân) dominait la position du fort de Côn-ôc et que le roi en personne se portait en arrière pour soutenir les troupes et les faire attaquer toutes à la fois. La défaite des

Tây-son fut complète et la tranquillité de toute la province paraissait désormais assurée. Cảnh-thịn, fils de Quang-trung et son successeur au Tông-king depuis l'an 1792, était venu au secours de son oncle Nhạc ou Thái-đức; mais il n'arriva pas à temps et, à la suite de cette affaire, il força son oncle à abdiquer. La division, depuis lors, régna parmi les Tây-shon et Gia-long fut assez fort et assez habile pour en profiter.

L'année suivante, ất mẹo 1795, le roi laissa le commandement de la place de Dziên-khánh, nouvellement fortifiée à la Vauban par les soins de M. Ollivier, au général Tính et il s'en retourna à Gia-định, où il apprit bientôt sa maladie et sa mort. Le roi s'empressa alors d'envoyer le đông cung, suivi de Mgr d'Adran et de trois mille hommes de troupes pour le remplacer. Les Tây-shon se réjouirent de cet évènement et ils en profitèrent pour relever le moral de leurs troupes. Ils ne tardèrent pas à se porter en avant avec un puissant renfort de quatre mille hommes, pour faire le blocus de la place où s'enfermait avec soin le jeune prince royal. Dans ces conjonctures ce jeune prince tomba malade, et le gouverneur de la province, nommé Tuần, fit défection avec toutes ses troupes. Cependant le roi fut averti à temps et il accourut promptement de Gia-định pour faire lever le blocus et mettre de nouveau l'armée Tây-shon en déroute. Cette fois il laissa le commandement de la place au maréchal Tính (hậu quân Tính) de Gò-công, et emmenant avec lui le Đông cung, il regagna Gia-định pour y presser les préparatifs de l'expédition sur Huê ou Kim-thành, où s'était retirée l'armée Tây-son.

Quang trung venait de mourir laissant la couronne du Tông-king à son fils Cảnh-thịn.

Nhạc, à la nouvelle des nouveaux désastres, était bouillant de colère. Il donna aussitôt des ordres pour faire un suprême effort. Thiếu phó điệu se mit en marche pour Bình-định avec 5000 hommes et chevaux, comme avant-garde; Đô-dũng prit la mer avec 5000 hommes et 500 barques de guerre, pendant que Chiêu formait l'aile gauche avec 5000 hommes et que Tuần fermait l'aile droite avec 5000 Tông-kinois. Les chefs Thanh, Chất, Gian et Chuyên marchaient au centre avec les éléphants et les chevaux. La terre tremblait sous les pas de cette armée, dit notre chroniqueur, et la grande querelle des Nguyễn et des Tây-son allait enfin probablement se vider cette fois.

Il n'y avait pas encore un an que le roi était retourné à Gia-định avec le Đông cung, qui venait d'y mourir de maladie.

Le valeureux Tính, le gouverneur de Diên-khánh, à l'approche d'une armée aussi formidable, essaya de faire une sortie; mais il s'aperçut bientôt que cerné de tous côtés par des forces immenses, il n'avait d'autre chose à faire que de s'enfermer avec le plus de soin en attendant les secours que le roi lui enverrait sans doute bientôt.

Le roi en effet quitta immédiatement Gia-định avec tout ce qu'il avait de troupes de terre et de mer et il vola au secours de son général; mais après plusieurs combats où la victoire fut incertaine, le roi comprit que ce dernier duel était à mort, que les Tây-son, qui faisaient de leurs navires, superposés l'un sur l'autre, des batteries flottantes au milieu de la baie de Chợ-giã, se battaient en désespérés et que, par conséquent, il fallait prendre son temps pour les vaincre et les détruire ou cette fois se décider à mourir, sans jamais plus espérer.

Le roi fit donc garder à ses troupes ses campements, et après avoir fait sur Huê une tentative inutile et une diversion sans résultat, il reprit la route de Gia-định pour chercher de nouveaux renforts et pour laisser passer le premier mouvement d'exaltation de l'armée ennemie. On était au sixième mois de l'année Dinh-tị et il ne revint que l'année suivante au sixième mois de l'année mô ngọ, 1798.

Cependant le gouverneur de la place de Diên-khánh se trouvait bloqué depuis plus de deux ans, sans recevoir aucun secours. Réduit à la famine, ce brave maréchal, que nous avons vu sortir de Gò-công et décoré presqu'aussitôt du titre de hậu quân (maréchal d'arrière), résolut de se montrer digne jusqu'à la mort de la haute confiance dont il avait été jusqu'alors l'objet, et il se décida à se faire sauter avec toute son armée. Après avoir donc écrit au roi « qu'assiégé depuis deux ans, il n'avait plus aucune ressource et qu'il préférait mourir que de tomber entre les mains des Tây-son » il fit faire un amas des poudres qui lui restaient, et lui, Võ-tính et son second, Lê-bộ-châu, y mirent le feu et périrent avec la plus grande partie de leurs troupes.

Le roi, à cette nouvelle, fit aussitôt voiles pour Cù-mông avec 300 barques de guerre. Là il rencontra un général des Tây-son qu'il fit arrêter et qu'il interrogea lui-même sur l'état des affaires. Ce général, du nom de Ngụ, lui dit qu'il venait de la capitale; que Nhạc, après la reprise de Bình-định sur Tính, s'avançait avec une forte armée tong-kinoise pour attaquer l'armée royale, lorsqu'atteint d'apoplexie il venait de mourir; que Trát, son fils, avait été élu à Huê à sa place; qu'au Tông-king, Quang-trung était mort aussi, laissant le trône à son fils Hoàng-thùy ou Cành-thịn; que lui, enfin, voyant que cet état de choses tirait à fin, il s'était mis en marche pour en informer le roi et se soumettre désormais à lui.

Après cette entrevue, le roi, au lieu de s'arrêter en Binh-đinh, se porta aussitôt sur Kim-thành ou Huê, où il savait avoir déjà de nombreux partisans

A son approche le jeune Tây-shon, Hoàng-trát, réunit son conseil et, considérant que toutes ses troupes étaient en Binh-định et que la capitale n'avait plus aucun moyen de défense, il s'enfuit avec toute sa famille; mais les populations le livrèrent et le roi le fit mettre à mort avec toute sa suite, composée de plus de cent personnes, qui fut foulée par les éléphants devant toute l'armée et dont les restes furent abandonnés aux insultes de la populace. Après cela on ouvrit le tombeau de Nhạc pour en jeter les ossements au vent et le roi partit pour Binh-định où l'armée ennemie tenait encore ses positions.

C'est en avril 1799 que Qúi-phủ, le chef-lieu de cette province, bloqué par terre et par mer, tomba en son pouvoir après deux mois de siége. Mgr d'Adran mourut au mois d'octobre de cette même année, laissant ainsi le roi victorieux de ses ennemis et ne pouvant recueillir le fruit de tant de peines et de tant de travaux. Le roi prit le deuil et fit transporter son corps en Gia-định avec la plus grande solennité. (Voir les Lettres de Mgr de Langres, p. 372.)

Au printemps de l'année cánh thân ou 1800, l'armée royale était donc maîtresse de tout le sud et il ne restait plus en présence que deux rivaux, Cành-thịn au Tông-king et Gia-long en Cochinchine; mais la partie était bien inégale.

Cành-thịn, après la prise de Huê et le massacre de la famille de son oncle, s'enfuit précipitamment des provinces de la banlieue royale où il était venu faire la guerre à son oncle, vers le nord du Tông-king. Tremblant alors de voir l'armée du roi l'y poursuivre et les populations se soulever contre lui, il changea son nom de Cành-thịn en celui de Bào-hưng. Cependant, profitant du moment de trève que Gia-long lui laissait et encouragé par les conseils de la femme de son premier mandarin militaire, il leva une armée formidable avec laquelle il revint, au mois de février 1802, attaquer le roi aux positions de la muraille fortifiée ou Lủy-sảy, qui sépare Quảng-trị du Quảng-bình. Le roi parvint à faire passer de son côté un corps de ces troupes et, par une manœuvre habile, il fit paraître sa flotte sur les derrières de l'ennemi, comme pour le prendre entre deux feux. Bào-hưng, perdant alors toute contenance, abandonna son armée aux mains de l'héroïne, femme de son premier mandarin militaire, qui put protéger sa fuite jusqu'à Kẻ-chợ; mais ce ne fut plus alors qu'une déroute générale. Les troupes royales s'avancèrent triomphalement dans le Tông-king et dès le mois de juillet de cette année, Kẻ-chợ avait ouvert ses portes, les peuples s'étaient soumis partout et toute la famille de Cảnh-thịnh, conduite à Huế, avait été massacrée comme celle de Hoàng-trát et comme celle autrefois de Mạc par les Trịnh.

Jusque-là, Gia-long avait signé ses actes pour le Nord, Phù lê cảnh hưng, afin de faire croire aux populations du Tông-king qu'il allait régner au nom du dernier souverain de la famille des Lê; mais, désormais maître de Kẻ-chợ, de Huê, de Qui-nhon et de Gia-định, c'est-à-dire de tout l'empire depuis la Chine jusqu'au Cambodge, sans trouver désormais le plus petit obstacle, il prit le chiffre de Gia-long, qui signifie *souveraine extension*, et il régna sous ce nom jusqu'à sa mort, arrivée le 25 janvier 1820.

Minh-mạng son fils lui a succédé et a régné jusqu'au 21 janvier 1841; Thiệu-trị, son petit-fils, jusqu'au 4 novembre 1847 et Tự-đức, son arrière petit-fils, règne depuis 1848 (nous sommes en 1865 dans la 18me année de son règne.)

Tous ces princes se sont fait reconnaître par la Chine, qui a envoyé des ambassadeurs à Kẻ-chợ, capitale du Tông-king, en 1804, 1822 et 1842 pour leur donner l'investiture. Tự-đức seul, à cause de sa jeunesse et des craintes de soulèvement dans les populations, a obtenu que la cérémonie de l'investiture se fit à Huê en 1849.

Nota. — Gia-long eut de sa première femme le prince Canh (Canh-dzuê), l'élève de Mgr d'Adran, connu alors sous le titre de Dông-cung, qui mourut en Binh-dinh, comme nous l'avons vu, laissant deux fils d'une concubine, les princes Thai-binh et Ung-hôa, tous les deux mis à mort par les ordres de Minh-manh, leur oncle. Cette première femme de Gia-long était originaire des environs de Thủ-dúc (notre point A.) Accusée d'inceste avec son petit-fils Ung-hoà, elle reçut l'ordre de s'étrangler. Ainsi fut déshonorée la mémoire d'une femme qui avait suivi Gia-long dans toutes ses infortunes et dont le plus grand crime était d'avoir donné le jour au véritable prétendant. On la reconnaît au titre de Thiêu-cùong-hoàng-hâu gravé sur sa tombe.

Gia-long eût d'une fille de Huế, du prénom Trân, deux fils : les princes Chi-dam ou Minh-mang et Kiên-an. Le mariage avec cette fille se fit dans le temple de Kim-chuong (le premier du côté de Saigon du campement des Mares) et Minh-mang fut mis au monde à l'endroit même de la pagode de Khai-tuong, dite Pagode Barbet, qui fut érigée plus tard en mémoire de ce fait.

Gia-long eût encore deux enfants de la princesse Công-chùa-bùong, de la famille des Lê : les princes Quang-oai et Thiêu-hoa, qui sont morts tous les deux.

Minh-mang a laissé un nombre d'enfants, on peut dire innombrable. Dans les années qui ont suivi sa mort on comptait jusqu'à quatre-vingt-dix Duc-ông ou princes de sa progéniture, dont il reste encore un grand nombre sous le titre de grands oncles du roi actuel.

Thiêu-tri, fils de Minh-mang et d'une femme de Biên-hoa, commune de Linh-chiêu-tây, et du nom de Hô, s'appelait comme prince royal Hoàng-thi. Ce prince a épousé Cô-hàng, fille du ministre de la justice Phàm-dàng-hung, originaire de Go-công en Tân-hoà, province de Gia-dinh; il a eu deux enfants : Hoàng-nhâm ou Tu-duc, le roi actuel, et une fille nommée Bà-tông-chùa, qui est morte.

Cô-hàng, dit la chronique, fut présentée an roi Thiêu-tri par sa tante, et le roi trouvant à sa convenance la tante aussi bien que la jeune fiancée, garda la tante et la nièce. La tante mit au jour la première le prince Hoàng-bao, qui s'est pendu en 1854 par suite d'intrigues pour monter sur le trône, qui ne réussirent pas. La nièce mit au jour le Roi actuel.

Cô-hàng, la mère de Tu-dùc, n'a plus de ses quatres frères à Go-công que Phàm-dâng-hiên, qui est médecin et très âgé à présent. Le majorat de cette famille est dévolu au capitaine Phàm-dâng-dê, qui a un fils, nommé Phàm-dâng-luoc, et trois filles. Son frère, Phàm-dâng-truyên, est lieutenant-colonel à Hué; et le reste de la parenté comprend encore cent vingt-sept personnes, habitant le village de Thuân-tâc et de Tân-niên-dông.

On dit que le Roi a la plus grande piété pour sa mère et qu'il lui a caché jusqu'à ce jour l'occupation des trois provinces par les Français.

Tu-duc (ou Hoàng-nham) épousa en 1831 la fille de Vo-xuân-can, grand dignitaire du titre de Dông-cac-dai-ho-si et ministre de la justice, qui est originaire de la province de Quang-binh. Il a aussi épousé la fille de Nguyen-dinh-tàn, Tong-doc de Nam-dinh au Tộng-king et originaire de la province de Thùa-thiên,—maintenant aveugle et retiré chez lui. De ces femmes et de beaucoup d'autres Tu-duc n'a point eu encore d'enfants, et, atteint de la maladie qui l'épuise depuis son enfance, il est plus que probable qu'il n'en aura jamais.

Il n'y a donc rien d'officiel pour la nomination du successeur de Tu-duc. Le choix pourrait tomber sur ses frères d'autre lit, Gia-hung et Kiên-thoai, ou sur ses neveux, les fils de Hoàng-bâo; mais rien n'a encore transpiré dans le public à ce sujet.

Le règne de ce prince sera remarqué dans l'histoire par le traité du 5 juin 1862, qui donne à la France trois provinces de la Basse-Cochinchine et, par là, une garantie sérieuse sinon complète de notre intervention politique et religieuse dans ce pays.

NOTA. — On distingue trois branches de la famille royale qui règne à présent : celle des Nguyên-phuoc, celle des Nguyên-công et celle des Nguyên-hûu.

www.ingramcontent.com/pod-product-compliance
Lightning Source LLC
LaVergne TN
LVHW020336230826
846091LV00003B/897

* 9 7 8 2 0 1 3 4 2 8 1 5 6 *